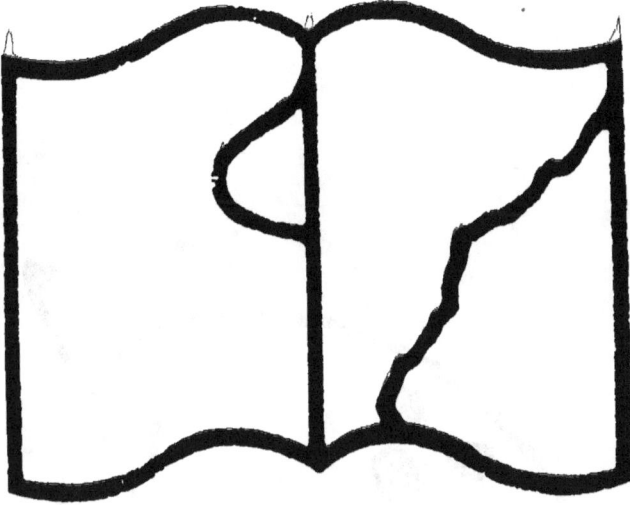

Début d'une série de documents
en couleur

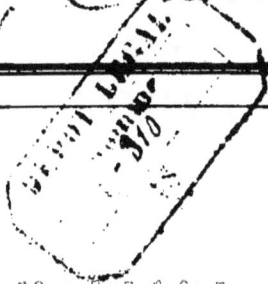

LES
CHAPITRES CATHÉDRAUX
DE FRANCE

NOTICES — COSTUMES — SCEAUX — ARMOIRIES

PAR

l'Abbé Camille DAUX

Missionnaire Apostolique
Historiographe du Diocèse de Montauban.

AMIENS
ROUSSEAU-LEROY, Éditeur
18, Rue Saint-Fuscien.

PARIS
ROGER ET CHERNOVIZ
7, Rue des Grands-Augustins.

1888

OUVRAGES DU MÊME AUTEUR

—◆═◆—

HISTOIRE DE L'ÉGLISE DE MONTAUBAN, publiée sous les auspices de MMgrs LEGAIN et FIARD, 2 fort vol. grand in-8° avec chromos et planches. — Paris.   25 fr. »

AMÉDÉE THIERRY ET LES PREMIERS MONASTÈRES D'ITALIE AUX IVe ET Ve SIÈCLES, in-8°. — Paris. (Epuisé).   2   50

LETTRES INÉDITES DE SAINT VINCENT DE PAUL, in-8°. — Paris. (Epuisé)   2   »

LA FLORE MONUMENTALE DU CLOITRE ABBATIAL DE MOISSAC (Description et Symbolisme), in-8°, avec planches. — Arras. (Epuisé)   4   »»

L'ABBAYE DE MONTAURIOL ET LE *Gallia christiana*, in-8°. — Paris. (Epuisé)   1   50

LE GRAND SÉMINAIRE DE MONTAUBAN ET LES PRÊTRES DE LA MISSION AVANT LA RÉVOLUTION, in-8°. — Montauban.   2   50

LES STATUTS DU CHAPITRE DE SAINT-ANTONIN EN 1548, in-8°, avec planche. — Montauban . . .   2   »

LA TOMBE D'UN COMMANDEUR D'ESPINAS, in-8°, avec planche. — Montauban.   1   50

LES BÉNÉDICTINS DE SAINT-MAUR AU MAS-GRENIER (1628-1790), in-8°. — Montauban   1   »

———

EN PRÉPARATION :

SANCTORAL ET LÉGENDAIRE PAROISSIAL DU DIOCÈSE DE MONTAUBAN.

Fin d'une série de documents
en couleur

LES
CHAPITRES CATHÉDRAUX
DE FRANCE

NOTICES — COSTUMES — SCEAUX — ARMOIRIES

PAR

l'Abbé Camille DAUX

Missionnaire Apostolique
Historiographe du Diocèse de Montauban.

AMIENS
ROUSSEAU-LEROY, Éditeur
18, Rue Saint-Fuscien.

PARIS
ROGER ET CHERNOVIZ
7, Rue des Grands-Augustins.

1888

AVANT-PROPOS

On connaît le savant traité de M. le chanoine Pelletier : *Des Chapitres cathédraux en France devant
l'Eglise et devant l'État*. Travail historique et critique
sur le rétablissement des Chapitres depuis 1801, cet
ouvrage, écrit il y a plus de vingt ans, avait pour but
d'amener une réforme radicale dans l'organisation des
corps capitulaires et le retour au droit commun « trop
abandonné dans cette reconstitution (1). »

Différente est notre entreprise, autre l'aspect sous
lequel nous voulons considérer et faire connaître nos
chapitres cathédraux. Aux maîtres en droit canonique
nous laissons les discussions et les questions juridiques.
C'est par un côté nouveau que nous prenons la matière et voudrions la fixer. — A défaut d'autre mérite,
ce travail aura du moins celui de la nouveauté... et,
peut-être, vu les circonstances, celui de l'à-propos.

Les révolutions ont modifié et même anéanti ces
vénérables chapitres. De nouvelles complications peu-

---

(1) *Des Chapitres cathédraux en France devant l'Eglise et devant
État*, par M. l'abbé VICTOR PELLETIER ; Paris, Jacques Lecoffre, in-
8°, 1864.

vent, dans un temps assez prochain, amener encore leur suppression... Ils sont gravement menacés.

Ils reviendront. Mais alors où trouver ce qu'ils auront été ?

Qui s'enquiert aujourd'hui de l'origine des corps capitulaires et de leur vie jusqu'à la grande Révolution française ? Qui lit les savants écrits des Thomassin, des Chaponel, des Martène, des Du Molinet, des de Vert, et des liturgistes et canonistes modernes ?

Voilà soixante-dix ans passés que ces institutions ont été rétablies, réorganisées, et nul n'a songé à relater leur mode d'existence, leurs vicissitudes, à en faire ce que nos ancêtres auraient appelé le « pourtraict. »

Ces pages tendent à combler une telle lacune.

Dans une dissertation préliminaire nous disons ce que furent jadis les chanoines, principalement en France ; ce qu'ils sont devenus. C'est la partie rétrospective de notre travail, l'analyse du passé, le résumé aussi bien des constitutions apostoliques que des conciles et des écrits les plus doctes, les plus autorisés, sur la matière.

Pour ce qui concerne nos chapitres depuis leur rétablissement en 1802, nous croyons les avoir suffisamment dépeints en donnant de chacun d'eux une *Notice*, la description du *Costume* choral, leurs *Sceaux* et *Armoiries*. — C'est la division énoncée en sous-titre et tout le plan de ces études que, dans le goût

du XVIIᵉ siècle, on pourrait intituler : *Histoire, Sche-
mathographie, Sigillographie, Héraldique des Chapitres cathédraux de France.*

La description du costume canonial est le com-
plément obligé des *Notices* capitulaires. Non seulement les costumes de nos chanoines frappent l'œil
par leur diversité, leur forme, leurs couleurs ; mais
encore ils parlent à l'esprit et redisent, pour la plupart,
tout un passé de l'histoire locale religieuse. — Ici,
l'*Aumusse* rappelle l'ancienne coiffure de divers réguliers ou séculiers qui, jadis, vécurent dans tel couvent,
telle collégiale ou cathédrale de ce diocèse. Et quand
on procède par comparaison, ne trouve-t-on pas cette
coiffure plus en usage et mieux fourrée dans les pays
froids que dans les régions méridionales ? — Là, c'est
la *Cappa* affirmant la munificence de quelque pape, de
quelque cardinal sorti du rang des chanoines ou de
la contrée qu'il a voulu ainsi ennoblir. — Ailleurs,
une *Croix pectorale*, une décoration rappelle par
sa forme, ses inscriptions ou ses images, tel souvenir, telle faveur propre à ce chapitre. Elles offrent
à l'admiration de l'artiste, un dessin, des émaux,
des filigranes où la main de l'orfèvre, du peintre, du
joaillier, a prodigué parfois de véritables merveilles.
Parmi les chanoines, les uns revêtent le violet,
couleur propre aux évêques ; les autres ont le privi
lège de la couleur cardinalice. Quelques-uns portent la
fourrure blanche, l'hermine mouchetée, le petit gris,

ou la martre ; quelques autres ont des lisérés, des bandes de couleur voyante, etc.

Ces combinaisons de costume ne sont pas, généralement parlant, de pure fantaisie. Une idée, un fait, un motif particulier, ont, d'ordinaire, guidé dans le choix et la composition des nuances, de la forme et des ornementations adoptées par chaque diocèse. Un jour, peut-être, quelqu'un fera cette étude ; elle ne sera pas sans intérêt.

Pour nous, nous nous contentons de décrire, en attendant que quelque artiste, doublé d'un historien, fasse pour nos chanoines séculiers ce que des savants de grand renom ont fait pour les chanoines réguliers et pour l'ensemble des ordres religieux.

Que d'ouvrages, en effet, ont été consacrés, non pas tant à l'histoire générale des corporations religieuses, qu'à la description de leurs habits de chœur, d'intérieur, de ville ou de travail! L'Allemagne, la France, l'Italie, l'Espagne, toutes les nations catholiques ont vu publier des œuvres de ce genre. En 1585, paraît à Francfort le CLERI TOTIUS ROMANÆ ECCLESIÆ SUBJECTI, SEU PONTIFICIORUM ORDINUM OMNIUM OMNINO UTRIUSQUE SEXUS HABITUS, ARTIFICIOSISSIMIS FIGURIS NUNC PRIMUM A JACOBO AMMAN EXPRESSI, grand volume in-4° orné de 102 planches. A Paris, en 1666, le savant Père Claude Du Molinet publie, gravées par Le Doyen, les FIGURES DES DIFFÉRENTS HABITS DES CHANOINES RÉGULIERS, précieux recueil de 32 gravures, qu'il accompagna, en 1674, des RÉFLEXIONS HISTORIQUES ET

CURIEUSES SUR LES ANTIQUITÉS DES CHANOINES. L'Espagne eut un dessinateur anonyme qui lui donna, dans un bel in-folio de 174 planches, l'ORDENES RELIGIOSAS Y MILITARES REPRESENTADAS EN ESTAMPAS. A Manheim, de 1779 à 1794, voient le jour trois beaux volumes in-quarto composés de planches coloriées, par C. F. Schwan, et intitulés : ABBILDUNGEN ALLER GEISTLICHEN... *Représentation de tous les Ordres réguliers et séculiers et des Ordres de Chevalerie.* La France ne resta pas en arrière ; il suffit de mettre à son actif, avec la publication de Du Molinet, le remarquable DICTIONNAIRE DES ORDRES RELIGIEUX du très érudit Père Hélyot, repris et continué, en 1847, par l'abbé Badiche ; ainsi que les six in-folios, finement coloriés, du RECUEIL DE TOUS LES COSTUMES RELIGIEUX ET MILITAIRES, par Ch. Bar (Paris 1778-1798).

Plus modeste dans notre entreprise, serait-ce faire œuvre inutile de consacrer quelques pages à nos vénérables chapitres de France tels que nous les avons depuis la Révolution ? Des connaisseurs, des érudits, ont bien voulu nous assurer du contraire.

Aidé de leurs conseils, et mettant à profit les renseignements qui nous ont été envoyés de chaque diocèse par des confrères très compétents sur la matière, nous avons pu rassembler ce qui nous a paru le plus intéressant au point de vue de l'histoire, du costume, des sceaux et armoiries des quatre-vingt-onze chapitres cathédraux. Là où il aurait fallu un burin ou une palette, nous nous sommes contenté d'une description par la plume ; et, si cet ouvrage ne parle pas aux yeux, il pourra du moins éclairer l'esprit et fixer l'imagination.

Nous avons adopté dans ce travail la marche qui nous a paru la plus naturelle. L'Église de France est présentement divisée en dix-huit provinces ; nous partageons cet ouvrage en autant de chapitres. Ces provinces, ou métropoles, nous les plaçons, non d'après le rang d'ancienneté, mais selon l'ordre alphabétique. Dans le même ordre sont distribués, à la suite de leur métropole, chacun des évêchés suffragants.

Avant d'entrer en matière, nous tenons à déclarer que, s'il s'est glissé quelque erreur sur un point quelconque de droit ou de fait, nous sommes prêt à la reconnaître et la réprouvons par avance.

LES CHAPITRES CATHÉDRAUX DE FRANCE

NOTICES — COSTUMES — SCEAUX — ARMOIRIES

PREMIÈRE PARTIE

LES CHANOINES

Origine des Cathédrales et des corps capitulaires.

Du vivant des Apôtres chaque évêque groupa autour de lui des « clercs, » chargés de le seconder dans les fonctions du saint ministère (1). Encore les évêques « n'avoient point proprement de Cathédrales ; ils présidoient à toutes les églises dépendantes de leurs villes, et recevoient toutes les oblations, eux et leurs autres clercs, et l'évêque seul étoit le propre pasteur de toutes les églises particulières (2). » Le pape saint Évariste, cinquième successeur de saint Pierre (100-

---

(1) « Quisque porro episcopus, etiam dum adhuc viverent apostoli, sibi clerum efformavit, quem in sacro munere adjutorem haberet.... Adhærebant semper episcopo, a quo et omnino pendebant.» (Bouix, *Tractatus de Capitulis*, pars I, § 1, p. 3, d'après le *Dei Parochi* de Nardi, t. I, p. 216 et seqq.)

(2) *Histoire des Chanoines ou recherches historiques-critiques sur l'ordre canonique*, par le R. P. Chaponel, chanoine régulier de Saint Geneviève, prieur de Roissy en France, p. 13-14 ; Paris 1699.

109), fut le premier qui « divisa et distribua les églises particulières de Rome à autant de prêtres. L'Église jouissant d'un intervalle de paix du temps de l'empereur Gallien, on fit sous le pape Denys (259-269) une nouvelle division et distribution des églises particulières et des cimetières, tant de la campagne que de la ville, à autant de prêtres, et l'évêque avoit la principale église avec une partie des clercs ; et c'est de là d'où l'on peut conter à la vérité l'origine des Cathédrales. Mais on peut dire que c'est proprement en 334, que ce qui avoit été proposé et tenté jusqu'alors fut exécuté avec pompe, et qu'on érigea avec une entière liberté des églises pour être les sièges épiscopaux et des paroisses particulières. Les collèges et communautez de clercs, appelez depuis Chanoines, sont nez avec les Cathédrales (1). »

Aux trois premiers siècles, le clergé épiscopal se composa, presque généralement, de douze prêtres et de sept diacres ; usage qui continuait et consacrait le nombre traditionnel des ministres de l'autel dont il est parlé dans les ACTES DES APÔTRES. Ces prêtres et ces diacres formaient le *Sénat* de l'Église et le *Conseil* de l'évêque. Ils vivaient avec lui ; et cette édifiante et vénérable assemblée portait le nom de *Collegium*, ou plus souvent encore celui de *Presbyterium*.

Néanmoins ce ne fut qu'après l'élévation de saint Augustin à l'épiscopat (en l'an 395) qu'on vit, pour la première fois, se grouper autour de l'évêque des prêtres qui, vivant d'une vie de communauté sans avoir

(1) CHAPONEL, *op. cit.*, p. 14.

la règle monastique, furent chargés des soins tempo-
rels des églises, alors que l'évêque vaquait plus
spécialement au spirituel. Déjà, au lendemain de sa
promotion sacerdotale, le futur évêque d'Hippone
avait établi un monastère dans le jardin attenant à
l'église. Il y vivait avec son cher Alype, Évode, Sévère,
Possidius et d'autres serviteurs de Dieu, selon la règle
établie sous les saints apôtres (1).

Mais autre fut la communauté ecclésiastique fondée
dans la maison épiscopale par Augustin nommé au
siège d'Hippone. Tandis que là le grand évêque culti-
vait d'une part, comme dans une pépinière — *semina-
rium* — les cœurs et les intelligences des jeunes clercs
qu'il voulait donner à l'Afrique pour apôtres ou
évêques, d'autre part il prenait conseil auprès des vénérables vieillards — *presbyterorum*, — ces prêtres
pieux et érudits qu'il s'associait dans l'administration
temporelle. De ce clergé, il en parlait comme de sa
famille, comme d'une société qui ne faisait qu'un avec
lui (2), et il écrivait : *Perveni ad episcopatum... et*

(1) « Factus presbyter monasterium infra ecclesiam mox instituit,
et cum Dei servis vivere cœpit secundum modum et regulam, sub
sanctis Apostolis constitutam ; maxime ut nemo quidquam pro-
prium in illa societate haberet. » (Possidius in *Vita*).

(2) Cf. passim les *Lettres* de saint Augustin, parmi lesquelles les
49, 54, 69 et 73, où nous lisons des recommandations comme
celles-ci. A PAULIN: « Resalutant sanctam et sincerissimam beni-
gnitatem tuam conservi mei qui mecum sunt; » à AURELIUS
« Omnis itaque fratrum cœtus, qui apud nos cœpit coalescere ; » à
l'évêque POSSIDIUS : « Augustinus et qui mecum sunt fratres in
Domino salutem. » Dans ses *Discours* on lit : « Nuntio ergo vobis
quia omnes fratres et clericos meos, qui mecum habitant, presby-
teros, diaconos, tales inveni quales desideravi. » (*Serm. 50 de diversis*).

*ideo volui habere in ista domo episcopi mecum mo-
nasterium clericorum.*

Cette appellation de *monastère* servit pendant de
longs siècles à désigner les communautés d'ecclésiastiques séculiers, qui n'avaient de similitude avec les
moines que par le côté de la cohabitation. Au Moyen
Age on désigna même fréquemment l'église cathédrale, desservie par les chanoines, sous le titre de
« *Moustier,* » *monasterium.* Aussi, avec la saine critique, il faut reconnaître que le terme employé par
saint Augustin pour désigner les communautés qu'il
institua sous sa direction, n'implique pas l'idée d'un
« couvent de moines » ou d'un « séminaire » tel que
nous l'entendons aujourd'hui. Le docte chanoine de
Sainte-Geneviève a fait justice de cette erreur trop
soutenue par le savant auteur de la *Discipline de
l'Eglise*, le P. Thomassin. Nous renvoyons le lecteur à
l'œuvre du génovéfain que nous avons déjà citée.

Du nom de Chanoine.

Quoique considéré à juste titre comme le père et
l'instituteur des communautés ecclésiastiques dont les
premiers membres étaient les prêtres chargés des
fonctions qui incombent actuellement aux chanoines,
saint Augustin ne dressa pas néanmoins de règle particulière pour ce clergé (1). On s'en tenait alors à

---

(1) En appelant saint Augustin « père et fondateur » de ces communautés ecclésiastiques, nous n'oublions pas ce que nous avons
dit après lui, « qu'il ne faisait que continuer l'œuvre des Apôtres. »
Ainsi le remarque Petrus Comestor : « vitam Apostolorum per in-

l'exemple des Apôtres qui avaient pratiqué la vie commune et la désappropriation parfaite (1). Le fils de sainte Monique avait vécu lui-même de cette vie avant son épiscopat (2); devenu évêque il ne se sépara pas de ses prêtres, et il écrivait alors : *Vobiscum vivere cœpi secundum regulam Apostolorum* (3).

« Et comme dans la suite, dit le Père Hélyot, la plupart des évêques firent vivre leurs clercs en commun dans l'observance exacte des canons des conciles, c'est ce qui fit qu'on leur donna le nom de *chanoines*, que les Grecs donnaient aussi indifféremment aux moines, aux religieux, aux religieuses et aux vierges consacrées à Dieu, comme remarque Balzamon sur le canon VI de la première épitre canonique de saint Basile à saint Amphiloque (4) ; et que par le nom de *chanoine* ou de *chanoinesse* les Grecs désignaient les personnes inscrites dans le *canon* ou *catalogue* de la communauté. Ce nom de *chanoine* était encore commun à tous les officiers de l'église, même jusqu'aux plus bas, comme sonneurs, fossoyeurs et autres qui étaient

tervalla sopitam suscitavit Pater Augustinus. » (*Serm.* 50 inter serm. Petri Blesensis). Item, saint Antonin de Florence, saint Anselme, Yves de Chartres, etc. Néanmoins, pour l'occident, l'évêque d'Hippone est appelé le père des « clercs-chanoines. »

(1) Graves et longues contestations à propos du genre de vie des Apôtres ; en voir les détails dans l'œuvre du P. Chaponel, ainsi que les preuves de l'opinion que nous émettons ici.

(2) Cf. la note 1 de la page 3.

(3) *Serm.* 49 *de diversis.*

(4) *Epist. canonica* de Filii consubstantialitate ; ἐπιτιμία εἰς τοὺς Κανονικοὺς, ἐπιτιμία εἰς τὰς Κανονικὰς. Epist. πρὸς Θεοδοραν Κανονικων. Const. ascetic. c. 19. πρὸς τοὺς ἐν Κενοβίω Κανονικοὺς. — Cf. *Prœfat. Cathechesium* de S. Cyrille de Jérusalem. — Item, saint Jean Chrysostome, *Homilia* περι τὰς Κανονικὰς.

employés dans la matricule ou le catalogue (1), *in canone*, et entretenus aux dépens de la fabrique. Il y en a, à la vérité, qui prétendent que le nom de *chanoine* vient de *canon*, et que ce nom signifie la mesure ou quantité de la ration de blé, de vin et autres choses nécessaires à la vie, qu'on distribuait par jour, par semaine, par mois ou par an à chaque clerc pour sa subsistance (2). »

Le titre de *chanoine* ne fut guère adopté officiellement en Occident que vers le viii° siècle ; à cette époque la Gaule comptait déjà nombre de chapitres dans ses provinces ecclésiastiques. Saint Rigobert, archevêque de Reims, fut le premier qui, vers l'an 700, mit les chanoines de sa métropole en communauté. Les Bollandistes le témoignent en ces termes : *Primus fertur commune eis instituisse œrarium.*

Modifications dans le genre de vie canoniale.

Après cinq siècles, pendant lesquels la vie en commun avait été fidèlement observée par les divers membres des *collèges presbytéraux*, survinrent des abus et une période de relâchement. Aussi en 755 le concile de Vernon, convoqué par Pépin le Bref, ordonna à tous ceux qui participaient aux distributions de l'église de vivre sous la main de l'évêque et l'ordre de la règle, *sub manu episcopi, sub ordine canonico.* Dès lors ces maisons sacerdotales furent plus que jamais rigoureusement soumises à un règlement établi

---

(1) De Vert, *Explication des cérémonies de l'Église,* t. 1, p. 54.
(2) *Dictionnaire des Ordres religieux,* édit. Migne, verbo *Chanoines.*

par l'évêque, ou par ceux que l'âge ou le mérite signalaient à celui-ci pour en faire les dépositaires de son autorité.

La soumission à l'autorité épiscopale étant devenue trop lourde à plusieurs membres de ces familles presbytérales, ils demandèrent des réformes. Elles furent en partie accomplies vers 760 par Chrodegand, évêque de Metz, qui donna aux chanoines une règle extraite de celle de saint Benoit.

Charlemagne insista pour qu'elle fût rigoureusement observée. « Les Chanoines, disait-il dans un Capitulaire de 789, doivent vivre en véritables moines ou en vrais chanoines. » Sous son fils Louis-le-Débonnaire, une règle de 147 articles fut promulguée par le concile d'Aix-la-Chapelle, en 817. Elle était surtout l'œuvre d'Amalaire, diacre de l'église de Metz (1). Comme les moines, les chanoines devaient loger dans un cloître exactement fermé, dont la clef était portée chez le supérieur du chapitre après le chant des Complies. Ils devaient coucher dans des dortoirs communs ; leur journée se passait dans des habitations indépendantes, quoique sous le même cloître. Libres pendant le jour, dès que l'heure de Complies arrivait, ils étaient tenus de rentrer au chœur, et ne sortaient plus de la clôture qu'après l'office du matin. Ils se levaient toutes les nuits pour le chant des Matines. Depuis Pâques jusqu'à la Pentecôte, ils faisaient chaque jour deux repas où la viande était permise, sauf le vendredi. Depuis la Pentecôte jusqu'à la Saint-Jean ils étaient tenus au maigre, ainsi que pendant l'Avent et le Carême.

(1) Cf. MANSI, *Collect. Concil.*, t. XIV, col. 313 et seq., col. 147-246.

Durant tout le Carême ils devaient rester à jeun jusqu'à
Vêpres. Jamais ils ne pouvaient prendre de repas hors
de la clôture. Quant aux biens ils avaient le droit de
posséder en propre, de recevoir et donner par testament; toutes choses interdites aux moines (1). Déjà le
concile de Tours, en l'an 813, avait stipulé dans le
XXIIIme article « que les chanoines et les clercs qui sont
à l'évêché, demeurent tous dans un cloître et couchent
dans le même dortoir, afin qu'ils puissent se rendre
plus facilement à l'office. L'évêque doit leur fournir
le vivre et le vêtement, selon ses facultés. »

Ces règles n'avaient fait que rappeler les chanoines
à leur institution primitive. Les biens d'Église étaient
toujours régis en commun, sans distinction de mense
épiscopale et de mense capitulaire ; et les revenus
continuèrent à être partagés selon l'usage ancien. On
construisit alors ces vastes bâtiments dont nous trouvons de magnifiques restes autour de vieilles cathédrales, et que l'on qualifie encore *presbytères, communautés, chanoinies, cloîtres, clastrés,* etc. Là furent
groupés, depuis le temps du pape Urbain II (1088-1099),
non seulement des prêtres, mais de simples sous-
diacres. Le sous-diaconat venait alors d'être mis au
rang des ordres sacrés ; on voulut que ceux qui en
étaient revêtus partageassent les honneurs et les
bénéfices des chanoines. Les conciles, les règlements
ecclésiastiques, leur accordèrent même les avantages
les plus considérables : siéger dans les stalles hautes

(1) Sur ces règlements, cf. THOMASSIN. *Ancienne et nouvelle discipline de l'Eglise* ; CHÉRUEL, *Dictionnaire historique des institutions,
mœurs et coutumes de la France.*

du chœur, et prendre part, avec voix délibérative, aux conseils et décisions capitulaires.

Chanoines réguliers et séculiers.

A l'époque de l'empire carolingien les mœurs et les institutions féodales envahissent l'Église. Les chanoines se réservent ou divisent entre eux les fonds ecclésiastiques dont les revenus servaient à l'entretien de la communauté et de chacun ; peu à peu ils se débarrassent de la vie commune. Cependant, dans bon nombre d'églises ils restèrent encore à la nomination des évêques.

Plusieurs fois ceux-ci tentèrent, en diverses régions, d'établir à nouveau des communautés canoniales ; mais la sécularisation des chanoines de Latran, sous Boniface VIII, porta le dernier coup à cette sage institution.

Quelques prêtres néanmoins, soit alors soit plus tard, essayèrent de réagir contre cette désorganisation, et par le fait d'établissements nouveaux, qui ramenèrent la vie en commun dans de nouveaux *presbyteria*, il y eut des chanoines *réguliers* distincts des chanoines *séculiers*. « Depuis ce temps, dit le P. Chaponel, jusques au XIVᵉ siècle, on ne vit autre chose dans la plupart des églises de France, que des successions continuelles de Chanoines Reguliers à de Seculiers, et de Seculiers à de Reguliers. Un évêque zélé remettoi ses Chanoines dans la régularité ; son successeur moins exact les laissoit tomber dans le relâchement, et ils devenoient Seculiers ; celui qui le suivoit y rétablissoit la règle ; en sorte qu'en un même siècle on a vu

jusques à trois réformes des mêmes Chapitres et
Cathedrales (1). »

Les chanoines séculiers n'en constituèrent pas moins
le corps officiel du diocèse. Unis à leur évêque pour
la prière commune et publique, soit dans les cathédrales, soit dans les collégiales, ils marchaient à la
tête du clergé et des fidèles qui, tous associés pour
rendre à Dieu un culte extérieur, formaient de la sorte
l'assemblée sainte, *sacra synaxis*. A eux incom-
bait, entre autres fonctions, le chant de l'office divin.

Règlement et bulle de sécularisation.

Par les bulles de sécularisation les Souverains
Pontifes précisaient, au reste, les charges et offices
des nouveaux chapitres. Et si, vu les nécessités et les
temps, les règlements furent quelque peu allégés, le
but de ces institutions resta le même : être le conseil
de l'évêque et la prière officielle de l'Église. Le changement de vie régulière en séculière ne touchait qu'à
la règle particulière de l'Ordre auquel chaque chapitre
était rattaché ; tout le reste demeurait conforme et
pour la vie extérieure et pour le service divin.

Généralement les modifications portèrent sur le costume, sur les titres et nombre des dignitaires et des
divers officiers, aussi bien que sur les distributions et
partages des charges et bénéfices. Une bulle du pape
Clément VII, en 1525, nous fait connaître les changements qui étaient opérés en ces circonstances. Ce
document relatif à la sécularisation du chapitre béné-

(1) CHAPONEL, *op. cit.* p. 202.

dictin de l'église cathédrale de Montauban est le dernier qui autorisa la nouvelle règlementation dans un corps capitulaire soumis à la règle de saint Benoit (1). Il résume l'ensemble des prescriptions et concessions faites aux divers chapitres de France désormais sécularisés. A ce titre nous en donnons une rapide analyse, pour avoir une idée précise de leur constitution.

Tout d'abord les diverses dépendances et possessions capitulaires sont confirmées et maintenues, tant à l'intérieur de la cité épiscopale que dans les paroisses rurales, non moins que les droits et revenus prélevés jusque là, soit sur les couvents de la ville soit sur les prieurés et chapelles à patronat.

Désormais le *Prieur-mage* prenait le nom de *Prévôt*, le *Camérier* était remplacé par un *Grand Archidiacre*, le *Sacristain* par un *second Archidiacre*; un *Précenteur* remplaçait l'*Aumônier*.

Le personnel capitulaire devait être réduit de 20 à 12 membres, soit par résignation, soit par la mort des titulaires.

Les 24 titres de prébendiers étaient maintenus à la nomination du Prévôt et du Chapitre, et devaient être ainsi répartis: 4 hebdomadiers, 2 diacres, 2 sous-diacres, 4 chapelains simples attachés à la chapelle de Saint-

---

(1) Le pape, résumant les motifs qui portaient le chapitre de Montauban à demander la sécularisation, relate ce premier désir. « Primum, si in præfata ecclesia ac illius monachalibus portionibus ord) sancti Benedicti et dependentia supprimerentur et extinguerentur, et illa ad statum canonicorum et presbyterorum regularium ad instar aliarum ecclesiarum cathedralium sæcularium Regni Franciæ reduceretur... » (BULLE *Clementia disponente*, 25 avril 1525, copie aux archives de l'évêché de Montauban).

Benoît, 1 maître de chant, 6 choristes, 1 bedeau ; les
4 titres restants pouvaient être remplis par quelques-
uns des anciens religieux qui étaient autorisés, comme
tous du reste, à garder le costume monacal, si c'étai
leur bon plaisir.

Les places au chœur étaient fixées selon la dignité
pour ceux qui étaient en charge, et selon l'ordre de
réception pour les autres ; il en était de même pour les
voix dans les délibérations capitulaires. Le Prévôt
devait occuper la première stalle à la gauche de l'autel
et il avait droit au manteau (*pallium*), au bâton pastoral
et à l'assistance de deux prêtres lorsqu'il officiait.
Après lui venait l'Archidiacre *minor* ou *secundus*, qui
tenait ainsi la troisième place. En face du Prévôt, ce
qui était le second rang, se plaçait le Grand Archidiacre
suivi du Précenteur. Les autres chanoines se parta-
geaient le reste des stalles, rangés de gauche à droite,
en suivant l'ordre d'ancienneté.

Chacun devait faire sa semaine à tour de rôle, en
présidant à tous les offices qui se présentaient ; l'évêque
pouvait s'en dispenser.

Chaque membre avait droit annuellement à trois
mois de vacances.

L'usage de l'aumusse et du bourdon était maintenu
pour tous les chanoines.

Ensemble ils pouvaient dresser et promulguer des
statuts ; le Prévôt était chargé d'infliger les amendes
et punitions aux délinquants, ainsi que de nommer aux
canonicats vacants. Enfin la bulle de réformation re-
nouvelait les privilèges spéciaux au chapitre, traçait
les règles et offices propres à chacun des dignitaires,
aussi bien que les conditions auxquelles pouvaient être

reçus les titulaires des prébendes que conférait le conseil. Ces derniers devaient « savoir bien lire et suffisamment chanter, être prêtres ou du moins en âge de recevoir les saints ordres dans le courant de l'année (1). »

Analogie avec les vieillards de l'Apocalypse.

A propos de la principale fonction sacrée que remplissaient les chanoines, le chant de l'office, on s'est demandé si on ne pouvait pas retrouver dans l'ordre liturgique dépeint par l'auteur inspiré de l'Apocalypse, une image fidèle de l'assemblée capitulaire, du *presbyterium*, πρεσβυτέριον, qui entourait l'autel ? Les vingt-quatre vieillards chantent en se prosternant devant l'Agneau sans tâche ; revêtus de robes blanches, ils sont assis sur des trônes, rangés autour de celui qui préside du haut d'un trône placé au centre d'un arc lumineux (2). Ce sont les vénérables chanoines, assemblée de vieillards (*presbyterium*), présidés par l'évêque paré de riches ornements et siégeant au milieu de l'abside formée en arc.

Cette merveilleuse disposition décrite par saint Jean est retracée dans le chœur des églises cathédrales où

(1) « Nulli ad capellanias ecclesiæ hujusmodi pro tempore vacantes præsententur, nisi bene et sufficienter cantare sciant et actu presbyteri vel in ætate in qua infra annum possint et etiam teneantur ad sacros ordines promoveri. » (Cf. Bulle *Clementia disponente*, déjà citée).

(2) « Et in circuitu sedis sedilia viginti quatuor : et super thronos viginti quatuor seniores sedentes circumamicti vestimentis albis.. » (*Apocalyp.* IV, 5).

l'autel est placé au milieu du sanctuaire, tandis que les chanoines, rangés à droite et à gauche, forment un demi-cercle dont le point central est occupé par le trône de l'évêque. Telle on voit encore de nos jours cette allégorique distribution à la primatiale de Lyon, dans les cathédrales de Bordeaux, de Reims, de Blois, de Mende, etc., et à la célèbre abbaye, présentement église capitulaire, de Saint Denis de Paris.

Les vieillards de l'Apocalypse étaient parés de vêtements spéciaux qui les distinguaient du vulgaire. C'est là encore un nouveau point de ressemblance entre ce sénat apocalyptique et le sénat ecclésiastique de nos cathédrales.

Des vêtements canoniaux : Rochet, Cappa, Mozette, Aumusse.

De tout temps les chanoines usèrent, dans les cérémonies et aux saints offices, de costumes particuliers et plus somptueux que ceux du clergé ordinaire. Dans une lettre à Pépin, le pape saint Zacharie (752) affirme tenir « d'autorité apostolique que l'évêque et son clergé de prêtres doivent se revêtir d'ornements en rapport avec leur dignité. »

Aussi les Souverains Pontifes veillèrent-ils toujours à la conservation de cette tradition. Que d'indults remontant jusqu'aux x° et ix° siècles pour autoriser les chapitres canoniaux à prendre des insignes, des vêtements qui, les distinguant de plus en plus des autres ecclésiastiques, concouraient à rehausser les cérémonies et l'éclat des fêtes de la sainte liturgie ! Ici étaient accordées les sandales épiscopales, là les **gants**;

ailleurs c'étaient les tunicelles : pour les uns l'usage de la mitre ou de la crosse, pour d'autres le bougeoir, ou le grémial, ou l'anneau, ou bien encore les couleurs réservées aux évêques et aux cardinaux.

Cependant il n'y eut pas de costume déterminé avant le xie siècle. Le pape Nicolas II passe pour avoir été le premier à s'occuper de la composition et de l'uniformité des habits choraux des chanoines de Saint-Pierre de Rome. Il prescrivit l'usage du *Surplis* pour la période d'été, depuis Pâques jusqu'à la Toussaint ; et pour l'hiver, depuis la Toussaint jusqu'à Pâques, une *Chape* de serge par dessus le surplis. Ce fut là le point de départ du costume adopté dans tous les chapitres canoniaux.

Le surplis imposé par Nicolas II allait apparemment jusqu'à terre ; nous le concluons de ces termes de l'ordonnance : *lineis togis superpelliceis*. D'autre part, le concile de Bâle (sess. xxi, c. 3) veut que ce vêtement descende plus bas que mi-jambe, et qu'on se serve de chapes ou de surplis, suivant les saisons et l'usage de chaque pays.

Dans le cours des siècles l'habit canonial subit de nombreuses transformations. Dès le début il fut presque semblable au vêtement monacal, en ce qui touche à la chape, à la coule, à l'aube, au capuce. Les chanoines réguliers de saint Augustin ayant fait, au commencement du XIIe siècle, quelques changements à ces diverses parties de costume, les chanoines séculiers les imitèrent d'assez près. Ainsi quand les premiers quittèrent la coule, ou du moins réduisirent son ampleur, ceux-ci adoptèrent le simple capuce. De part et d'autre on transforma aussi la chape en lui donnant moins de largeur et en rendant les ouvertures plus commodes pour les bras. Peu à peu les grands vêtements fourrés furent réduits à l'aumusse, et même à de simples bandes d'hermine ou de fourrures diverses. L'aube fut insensiblement raccourcie ; et tandis que, dès le principe, il n'y avait point de costume pour la tête, on dédoubla une partie du capuchon et de l'aumusse pour en faire un bonnet spécial, lequel à son tour fut parfois supprimé, parfois transformé.

Malgré cette diversité de costumes, « il est constant, écrit le P. Du Molinet, qu'ils se rapportent tous à deux espèces, que les Clercs, les Prestres et les Evesques de l'Eglise portoient dans les premiers siècles, dont l'un est appelé par les anciens autheurs *Birrus*, et l'autre *Linea* : sous le premier sont compris la Chappe, l'Aumusse, le Camail, la Mozette, le Chaperon et mesme le Bonnet carré ; et sous le second le Surplis, le Rochet, le Scapulaire, le Sarroc, la Bande de linge, et tous les autres habits des Clercs et des Chanoines tant Reguliers que Seculiers qui sont faits de toile.

« Nous voyons l'usage de ces deux sortes de vêtemens designez par les mots de *Birrus* et *Linea*, en deux grands Evesques des premiers siècles, sçavoir saint Cyprien et saint Augustin. Il est porté, dans les *Actes* du premier, qu'ayant esté conduit dans le champ de Sextius pour y souffrir le martyre il se dépouilla, *ibi se lacerno Birro expoliavit, et stetit in Linea*. Et saint Augustin, au sermon 2 *de communi vita Clericorum*, dit: *nemo det Birrum, vel lineam tunicam, nisi in communi. Birrum pretiosum forte decet Episcopum, quamvis non deceat Augustinum*. Outre ces deux saints

Pères, nous trouvons encore plusieurs autres Evesques et Clercs qui ont porté ces habits. On remarque de Iacques le Mineur premier Evesque de Ierusalem, qu'il estoit vestu de linge, *lineis vestibus utebatur*. Et saint Hierosme escrivant à Nepotien de la vie des Clercs, insinue assez manifestement que leur habit estoit de toile, *non absque habitu lineo incedere, sed pretium vestium linearum non habere laudabile est*. Et pour ce qui est de l'autre sorte d'habits appelé *Birrus*, Palladius, au chapitre 95, rapporte que saint Athanase voulant prendre la fuite pour éviter la persécution s'en revestit, *cum accepisset suam tunicellam et Birrum*. Nous lisons aussi ces mots en la Vie de saint Brice archevesque de Tours, *prunas ardentes in suo Birro portavit per civitatem, ad innocentiam demonstrandam*. Il est donc constant par ces témoignages que les Evesques et les Clercs se sont servis dans les premiers siècles de l'Eglise de ces deux sortes de vestemens qu'ils nommoient *Linea* et *Birrus*, et que j'appelleray le Surplis et la Chappe (1). »

Présentement l'ensemble du costume canonial peut se réduire à quatre vêtements principaux, comportant des variations innombrables de forme et de couleur. Ce sont le *Rochet*, la *Cappa*, la *Mozette* et l'*Aumusse*. En les décrivant tels que nous les trouvons aujourd'hui, nous ferons quelque peu leur histoire, disant leur origine, leur forme, leur utilité, leur symbolisme.

(1) *Figures des différents habits des Chanoines réguliers en ce siècle, avec un discours sur les habits anciens et modernes des Chanoines tant séculiers que réguliers*, par le P. C. Du Molinet, chan. rég. de la Congrég. de France, p. 2.; Paris, 1666.

Rochet. — Le rochet est le vêtement distinctif du chanoine, de même qu'il est propre à l'évêque. Les auteurs s'accordent à reconnaître qu'il date des temps les plus reculés : *origo rochetti*, dit Bouix, *est antiquissima.*

Dans le principe il fut appelé *tunica linea*, et était même porté à l'extérieur comme vêtement d'usage journalier. Quelques prêtres l'ayant adopté négligeaient de le déposer pour célébrer la messe ; le pape Léon IV leur en fit un ordre formel en ces termes : *Nullus in alba qua in usu suo utitur, præsumat missas cantare* (1). Plus tard, en l'an 889, nous voyons Riculphe, évêque de Soissons, porter la même défense dans ses constitutions synodales : *Nullus illa alba utatur in sacris Mysteriis qua in quotidiano et exteriori usu induitur* (2).

D'après ces témoignages la *tunica linea*, devenue

----

(1) Homilia de *Cura pastorali.*

(2) Le P. Du Molinet, *op. cit.*, nous dit que l'usage de la *tunica linea* était seulement permis dans les monastères Génovefains « aux officiers et à ceux qui travailloient et estoient employés aux ouvrages de la maison... On remarque aussi dans le chapitre *de labore fratrum*, que tous les religieux en prenoient pour aller au travail. Enfin la commodité a introduit dans l'Ordre de se servir de ces tuniques de linge ou Rochets pour l'habit ordinaire et de revestir le Surplis par dessus, pour assister à l'office divin ; afin sans doute que le Surplis ne servant plus qu'à l'église, fut plus blanc et plus honneste. L'usage de ce Rochet estoit desjà connu parmy les Chanoines Reguliers, en 1340, puisqu'il en est fait mention dans les Constitutions de Benoist XII, où il l'appelle *Superpelliceum ad formam Rochettorum seu camisiarum Romanarum;* on voit encor en quelques endroits une espèce de Surplis sans manches, qui sont presque de la mesme forme que les anciennes Chasubles, dont on se servit en la célébration de la Sainte Messe; les Chanoines Reguliers de la Congrégation de Sainte Croix de Conimbre en Portugal, quelques-uns d'Allemagne et mesme de France, les portent encore de cette manière, qui a quelque chose d'antique et de vénérable (p. 6-7). »

Rochettum, n'était autre chose qu'une *Aube,* mais différente de celle qui est autorisée pour la messe. De fait, le rochet est encore actuellement un diminutif de l'aube : il en a la couleur blanche, il est tissu de fin lin, enserre le corps, a des manches à pli de bras descendant jusqu'à la naissance de la main, et parfois on le trouve enrichi, comme l'aube, de dentelles, de guipures, de broderies et d'ornementations variées.

Les érudits, disputant sur l'étymologie du nom de *Rochet,* le font dériver du grec ῥων χιτών, qui veut dire *tunica mollis,* ou de l'allemand *rock* qui signifie chemise. D'où, dans la langue latine, on a appelé ce costume non seulement *Rochettum,* mais encore *camisia* et *camisile* (1) ; dénomination jadis donnée à la longue robe blanche portée par certains philosophes païens, et qui dans l'Église n'est autre que l'*aube.*

L'aube fut, au début, le vêtement qu'on passait par dessus la robe monacale et en atteignait la longueur. Dans le cours des siècles, vers l'an 1100, elle prit le nom de *Superpelliceum (Surplis),* parce que les chanoines la portaient par dessus la robe fourrée, appelée *pellicium,* qu'ils avaient pour se garantir du froid. Ainsi nous lisons qu'Étienne, évêque de Tournay, auparavant abbé de Sainte-Geneviève de Paris, envoya vers 1180, à un cardinal chanoine régulier, *superpelliceum novum, candidum et talare* (2). Les Constitutions de cette abbaye portent que le surplis doit descendre aussi bas que la robe, « à une paulme de terre au

(1) Dès le principe, on voit en Italie le peuple appeler les Chanoines de Latran du nom de *Frati della camisia,* parce que ces prêtres portaient toujours les Rochets sur leur robe.
(2) *Epist.* 123.

moins, et que les manches doivent estre plus longues que le bout des doigts de deux paulmes. »

Peu à peu on écourta ce vêtement. Le pape Benoît XII prescrivit par ses Constitutions de 1339 de ne le laisser descendre que jusqu'à mi-jambe environ, *ultra mediam tibiam, vel circa*. Au concile de Bâle fut faite la même prescription : *ultra medias tibias*. Enfin, vers les dernières années du XVe siècle, on réduisit encore sa longueur, et le surplis n'arriva plus que jusqu'aux genoux.

Diverses modifications portèrent aussi sur les manches de ce vêtement. Tantôt elles furent rondes et fermées, tantôt fendues, ouvertes et volantes, puis aussi complètement supprimées. C'est au reste par cette partie que le *Rochet* se distingua et se distingue encore du *Surplis*. Le concile de Narbonne précise cette différence dans la teneur d'une de ses prescriptions : *linea non manichata, veste sine roqueto* ; d'où l'on voit que ces vêtements ne pouvaient pas être confondus ensemble. Le concile d'Aix, qui ordonna de porter le rochet sous la chape, condamna l'usage du surplis sans manches. Auparavant, le concile de Milan avait prescrit pour ce dernier vêtement des manches larges, afin qu'il fût très visiblement distinct du rochet qui les eut toujours étroites.

Si l'aube, le surplis et le rochet eurent une seule et même origine, ils n'ont plus aujourd'hui la même destination. L'aube est affectée au service immédiat de l'autel ; c'est du reste ce vêtement que le pape Nicolas Ier (867) qualifia de *lineæ togæ*, et qu'on devait porter au chœur toutes les fois qu'on ne faisait point de fonctions qui imposaient la chasuble ou la dalmatique, la tunique ou la chape. Le vrai surplis est commun à tous les ecclésiastiques et même aux laïques employés au service du chœur. Quant au rochet, il est réservé aux évêques et aux chanoines titulaires et honoraires; dans quelques diocèses on le concède à divers ecclésiastiques sans titre canonial. Seul, le rochet épiscopal devrait être garni de dentelles ou de broderies; les autres ne peuvent être qu'en toile de lin unie. Mais de même que pour tout célébrant les aubes sont aujourd'hui garnies de fonds brodés ou brochés, de même des concessions épiscopales ont accordé à certains chapitres le rochet brodé ou à guipure.

Ce rochet est moins un ornement qu'un insigne de juridiction. Pour cela les évêques le portent au dehors et le gardent sous leur manteau quand ils se présentent devant le Saint-Père, alors qu'ils sont obligés de déposer la mozette. Le pape lui-même garde à l'intérieur comme à l'extérieur le rochet, par-dessus lequel il passe l'étole.

Étant décoré de ce costume propre au Souverain Pontife et aux évêques, le chanoine affiche par cet extérieur qu'il participe à la juridiction du diocèse, en tant que conseiller de l'évêque, et que, le siége vacant, l'administration incombe au corps capitulaire, sauf à lui de se donner des économes, dits « vicaires capitulaires. »

Quoique surplis et rochet aient, par leur importante transformation, perdu pour l'œil le sens mystique qu'on leur donna à l'origine, nous le rapporterons d'après Geminianus dans son livre DE ANTIQUO RITU MISSÆ: *Hæc est laxa, quia clericalis vita debet esse in bonis operibus larga; est etiam talaris, quia docet usque ad finem perseverare in bonis.*

CAPPA. — Second vêtement des chanoines, la cappa est portée immédiatement sur le rochet. Les évêques et les cardinaux en sont aussi dotés ; et tandis que pour eux elle est d'étoffe rouge ou violette, avec timbre ou chaperon de fourrure blanche sur les épaules pendant l'hiver, elle varie de couleur et d'ornementation pour les chanoines qui en sont gratifiés.

Un évêque de Tournai voulant donner le sens mystique de ce vêtement aussi bien que celui du rochet a écrit : *Hac duplici veste indui videamur ; ne superpelliceum nostrum sordibus polluatur ; et ne cappa nostra scissuris rumpatur ; ut per munditiam omni tempore vestimenta nostra sint candida, et per continuam pœnitentiam tanquam tunica talaris sit cappa nostra.*

Sa forme est restée à peu près ce qu'elle était dans le costume monastique, où elle portait aussi le nom de *Chape* ou *Cape.* C'est un ample manteau tombant au moins jusqu'aux talons, sans manches, fermé de tous côtés, et n'ayant qu'une ouverture à son sommet pour le passage de la tête. Des épaules sur lesquelles il repose, il descend enveloppant tout le corps et serrant au cou. Dans cet état, on ne peut dégager ses mouvements qu'en retroussant tout le devant et les côtés. Aussi saint Charles Borromée disait-il au concile de Milan : *Cum canonicus cappam induit, quæ humeros contegit, et brachia quasi devincit, ex eo amictu intelligat se repressas, quasi devinctas, habere appetitiones, ac se totum ad Dei voluntatem accommodare.* Dans quelques chapitres on trouve ce vêtement fendu par devant dans toute sa longueur. Quelques autres, ayant réduit son ampleur et le composant d'ét   s plus lourdes, en ont fait un véritable *manteau*, orné parfois de bandes de soie ou de velours, d'étoffe voyante ou de fourrure.

La dénomination de *Cappa* est venue, selon les uns, de *corpus capit ;* selon les autres, de *a capite*, puisque ce vêtement commence par passer sur la tête pour envelopper tout le corps. Dans son principe, du reste, ce n'était qu'un *Capuce* ou *Capuchon* servant à couvrir la tête. Insensiblement on fit tomber ce vêtement sur les épaules ; de là on le prolongea jusqu'aux reins ; finalement il descendit aux talons et même il fut doté parfois d'une traîne plus ou moins importante. Les cardinaux et les évêques ont conservé cet appendice qui est porté par un caudataire.

Ce vêtement, amplification de la mozette (dont nous parlons ci-après), ne fut pris en France que du temps de la première race de nos rois. « On remarque, nous dit le P. Du Molinet, que la Chappe a esté commune à toutes sortes d'estats ; premièrement aux laïques, puisque Loup de Ferrieres parlant en son epistre 125 de certains voleurs de grands chemins qui rodoient en ce temps-là, dit *mercatorum Cappas se petiturum jactabant* ; secondement aux moynes, car nous lisons en la vie de saint Iunien, escrite par un autheur qui vivoit sous Louys le Debonnaire, que sainte Radegonde en avoit fait une à ce saint personnage, qui se gardoit encore de son temps comme un Relique. *Nec enim, ut aiunt, aliud tegminis habuit, nisi quod ab ipsa conficiebatur, nam vestis ejus cilicina, in modum Caracallæ quam nunc Cappam vocamus, perseverat usque hodie apud nos.* Troisièmement aux chanoines et aux autres ecclesiastiques, ainsi qu'il se voit en la

regle que Godegrand evesque de Mets fit pour ceux
de sa cathedrale, environ l'an 750, où il dit au chap. 41 :
*illa dimidia pars clerici qui seniores fuerint accipient
Cappas novas*, etc. Or ils ne portoient pas seulement
ces Chappes à l'Eglise, mais encore quand ils allaient
en ville et aux champs : d'où vient qu'Hincmar, archevesque de Reims, dans ses chapitres N. 10, dit que
les laïques de son diocèze luy demandoient permission
de saisir le cheval et la chappe des prestres qu'ils
rencontreroient dans le cabaret, *caballum et Cappam
ejus eis habere liceat.*

« Nous apprenons la forme des Chappes de ce
temps-là du passage de la vie de saint Lucien, qui dit
qu'elles estoient semblables aux Caracalles dont les
anciens se servoient, *in modum Caracallæ, quam
nunc Cappam vocamus.* Or ces Caracalles estoient
des manteaux qui descendoient jusques aux talons,
comme l'asseure Sextus Aurelius, en la Vie de l'empereur Caracalle : *Caracallæ nomen accepit a vesti-
mento quod populo dederat demisso usque ad talos.*
Et ce manteau avoit par le haut un capuchon, comme
on le recueille d'un passage de saint Euchere archevesque de Lyon, lequel en son Livre des noms Hé-
breux, chapitre 10, parlant de l'Ephod, dit : *est autem Caracallæ in modum, sed sine Cucullo* (1). »

_____

(1) De MOLINET, *op. cit.* p. 11-13. Ce savant auteur ajoute à
cette description : « Cette sorte de chappe revient à celle que les
Chartreux portent quand ils vont en ville ; aussi saint **Bruno**, leur
instituteur, en avait il pris le modèle sur les Chanoines de l'Eglise
cathédrale de Reims, parmy lesquels il avoit vescu. Nous en voyons
plusieurs de cette manière gravées sur des tombes de nostre
Cloistre de sainte Geneviève de **Paris**, entre autres sur celle de

Quant à l'usage de ce vêtement, voici ce que nous lisons dans ce même ouvrage. « Je croy que les Cha‑noines ont porté durant plusieurs siècles la Chappe tant en esté qu'en hiver. La première conjecture que j'en ay, est fondée sur ce que je ne trouve point qu'il y soit parlé en ce temps-là d'Aumusses ou de Chape‑rons pour couvrir le teste. De plus, lorsque la Regle de Godegrand ordonne que la moitié de ses Chanoines auroient tous les ans des Chappes neufves, il y a bien de l'apparence qu'ils les portoient plus de six mois quoy qu'elles deussent servir l'année suivante à l'autre moitié des plus jeunes, On voit encor dans le Cere‑monial des Evesques, au chap. 3, qu'ils doivent porter la Chappe en l'Eglise en tout temps, avec cette diffé‑rence seulement qu'ils en ostent la fourrure en esté(1). » Dans plusieurs chapitres on prit pour usage de quitter la chape pendant le temps des chaleurs, et de ne conserver, pour plus de commodité, que le rochet et l'aumusse. Du Molinet observe à ce sujet que cela se pratiquait de son temps « depuis quelques siècles, » tant dans l'ordre génovefain que parmi les chanoines séculiers.

« Pour ce qui est de la couleur de ces Chappes, il semble qu'elles estoient blanches pour l'ordinaire dès avant l'an mil de Nostre-Seigneur ; puisque nous trou‑vons dans l'Histoire de Liège que l'evesque Eracle, qui vivoit sur la fin du Xe siècle, qui est le même que la chronique d'Aubry nomme Evrard, ordonna à ses

Messire Jean du Ermelin, chanoine de Meaux, qui décéda l'an 1252, dont la Chappe est semblable par devant à celle des Chartreux, sinon que le Capuchon paroist fourré par dedans et abbatu. »

(1) ID. *ibid.* p. 14.

chanoines de porter des Chappes noires pendant l'Avent et le Caresme, en signe de pénitence : *in Adventu et a Septuagesima ad Pascha pulla veste, nigris scilicet Cappis amiciatur Clerus, ad quod niger color pænitentiæ et afflictioni magis quam albus conveniat* (1). »

Relativement à la forme : « le concile de Latran, en 1215, semble insinuer que les Chappes des Chanoines estoient toutes fermées, lorsqu'il dit au canon 16, *clausa desuper deferant indumenta*, et cecy se confirme par le concile d'Oxfort tenu l'an 1222, au canon 32 : *Omnes Decani, Presbyteri et Archidiaconi, Cappis clausis utantur*. Et par le concile de Londres, tenu l'an 1237, qui dit au canon 4: *clerici Cappis clausis utantur in sacris ordinibus constituti, maxime in Ecclesia, et coram Prælatis suis, et in conventibus clericorum....* Le pape Innocent III, au mesme concile général de Latran, au canon 16, defendit aux clercs de porter des Chappes qui eussent des manches, *Cappas manicatas clerici ad divinum officium intra ecclesiam non portent, nec alibi* (2). »

Une bien minime partie de nos chapitres use présentement de ce costume vraiment grandiose et imposant. A une époque même il fut totalement supprimé ; car, tandis que d'une part c'est un vêtement cardinalice et prélatice, d'autre part il est remplacé par le camail ou la mozette, diminutifs ou collets de la cappa (3).

---

(1) Cf. Du Molinet, *op. cit.* p. 15.
(2) Id., *ibid.* 15-16.
(3) Sauf une concession spéciale, les chanoines dotés de la *Cappa*

MOZETTE. — Ce troisième habit de chœur est aussi bien propre aux évêques qu'aux chanoines ; il ne diffère que par la couleur, toujours violette dans le costume épiscopal.

Tous les chanoines sont dotés de ce petit vêtement de soie ou de laine, d'après les saisons ou les concessions faites aux divers chapitres, et dont la forme représente un petit manteau descendant par devant jusqu'à l'avant-bras environ, et par derrière jusqu'à la ceinture.

Plusieurs corps canoniaux l'ont changé en simple *Camail*, c'est-à-dire qu'ils ont supprimé le petit capuchon placé au sommet de la mozette, reste et souvenir de l'ancien *Capuce* (1).

Primitivement destiné à couvrir la tête, ainsi que les deux noms l'indiquent (CAMAIL : *cap de mailles* ; MOZETTA, même sens que *Birrum, bonnet*), ce vêtement fut plus tard assez agrandi pour couvrir les épaules. On finit par le prolonger jusqu'aux talons, de sorte qu'il devint la *Cappa*, telle que nous l'avons décrite ci-avant. Puis peu à peu on le ramena à la longueur qu'il a aujourd'hui, sauf, dans certains diocèses à le tailler en pointe ou en rond, pour le rendre plus dégagé et rappeler davantage la *Cappa*. En Italien *moza* n'exprime pas autre chose que *cappa*.

ne peuvent en user que dans leur cathédrale ; en dehors ils n'ont droit qu'à la mozette.

(1) L'habit canonial peut avoir un capuce ; c'est apparemment pour cette raison que les chanoines ont besoin d'une permission pour faire usage de la calotte au chœur. Les bénéficiers non chanoines ont cette autorisation, car leur camail ne doit pas porter le petit capuchon. (Déclar. de la *Congrég. des Rites*, n. 3386, ad 3.)

Réduction de la cape, la mozette peut aussi être légitimement considérée comme le développement du *Capuce* ou couvre-chef désigné par les anciens auteurs sous le nom générique de *Birrus*. Sans doute ce *bonnet* a donné naissance à la *Barrette* et aux divers vêtements de tête, dont nous parlerons en leur temps ; mais il est manifeste que, sous cette appellation, on désigna dès l'origine une espèce de manteau qui avait l'aspect et l'utilité de nos mozettes et camails modernes. Baronius, parlant du martyre de saint Cyprien (1), affirme que le *lacernus birrus* couvrait la tête et les épaules. Saint Isidore dit que c'était un vrai manteau dont usaient les soldats : *Lacerna est pallium fimbriatum quo olim milites utebantur* (2). Cette assertion est confirmée par ce vers de Properce : *Texitur in castris quarta Lacerna tuis* (3).

« Or nous voyons dans les antiquitez romaines et particulièrement en la Colomne de Trajan, que ce manteau des soldats, dit Molinet, estoit assez long et descendoit au moins jusque aux genoux, estant attaché en haut sur l'épaule ou par devant avec une boucle d'argent ou de quelque autre matière que les auteurs appellent *fibula*, d'où il se voit que *Birrus lacernus*, c'est-à-dire *Birrus in modum Lacernæ*, que portoient les évesques et les clercs, estoit à la manière d'un manteau qui descendoit en bas, et couvroit tout le corps. Pennotus veut que ce fût un habit ample et long pour enfermer le corps et le défendre des injures de l'air. C'estoit donc proprement un manteau, qui

(1) *Annales*, an. 261.
(2) Liv. **XIX**, chap. 24.
(3) *Elegiæ*, lib. 4.

avoit par le haut une espèce de bonnet ou capuce pour couvrir la teste. Aussi voyons-nous que la forme des Pluviaux qui ont été introduits dans l'Église pour les cérémonies, n'estoit differente des habits communs que les clercs et les chanoines portoient, qu'en la matière qui estoit plus prétieuse, retenant la mesme forme ; et ils les appeloient Pluviaux, à cause qu'ils les portoient à l'église, pour se préserver du froid, comme aussi de la pluye lorsqu'ils alloient dehors en procession (1). » Ces pluviaux, nos chapes actuelles, portent encore au retombant de l'encolure la preuve de cette conformation, par l'appendice nommé toujours *Chaperon*.

Dans nos chapitres français la réduction de la *Cape* en mozette ou camail ne se fit guère que vers le XV⁰ siècle. Un canon du concile de Salzbourg, tenu en 1386, prouve qu'on en usait en Allemagne avant cette époque. Chez nous plusieurs assemblées ecclésiastiques en prohibèrent l'usage ; mais le synode de Paris de l'an 1528 l'autorisa définitivement.

On verra dans les descriptions particulières de cet habit de combien de manières on l'a orné et diversifié tout en lui conservant son caractère général et fondamental. Nous ajouterons que le port de la mozette doit être autorisé par indult apostolique ou une coutume immémoriale ; le consentement de l'évêque ne suffit pas. Ainsi a répondu en plusieurs circonstances la Congrégation du Concile.

(1) Du Molinet, *op. cit.*, p. 9-10.

AUMUSSE. — Cet ornement, conservé de nos jours encore par un très petit nombre de chapitres, était anciennement fort en usage, et plus pour l'utilité que pour la parure. C'est le contraire aujourd'hui.

Comme son nom l'indique, l'*Aumusse* (et *Aumuce*) était destinée à couvrir la tête : *Almutia, Almutium*, du verbe *amicire* « couvrir. » Ainsi l'explique Bayf dans le *De re vestiaria*. Selon saint Isidore c'est *Armilauza* qu'il faut l'appeler ; et cela : *quasi in armis seu humeris clausa*. Si, avec quelques étymologistes, on fait dériver cette appellation du vieux mot *musser*, c'est toujours le sens de *cacher* qu'elle exprime ; tout comme on disait jadis *au mussant*, pour *au soleil couchant*. L'auteur de l'*Histoire de Tournay* la fait descendre de l'ancien mot teutonique *hoost* ou *ulde mutsen* qui veut dire « bonnet de tête, » qualification appliquée surtout à la coiffure des vieillards. Cet historien relate, en effet, l'article du testament de Raoul de Corsbout, par lequel ce doyen de Saint-Pierre-de-Louvain léguait, en 1380, deux aumusses vulgairement « appelées bonnets de peaux, *duo almutia dicta bonte-mutsen*. »

Cet habit était aussi commun aux moines, qui d'ordinaire le désignaient sous le nom de *Mafortes*. Le pape Clément V, au concile de Vienne, leur accorda des aumusses de peaux ou de drap noir, au lieu de leurs cuculles ou capuces : *Almutia de panno nigro vel pellibus, caputionum loco* (1).

_____

(1) *Clémentines*, tit. X. — Au temps du P. Chaponel et de Du Molinet, dans le XVIIe siècle, les moines d'Allemagne, de Flandre et de France usaient encore de ce costume.

Tandis qu'au début cette partie du costume canonial.
faite de peaux d'agneaux ou composée de drap double
de fourrure et aussi d'étoffe de serge (1), était destinée
à abriter la tête et les épaules contre les rigueurs du
froid, on la fit dégénérer progressivement en habit de
simple apparat, ou du moins de pur cérémonial.
D'abord placé autour du cou, ce petit vêtement cou-
vrit bientôt les reins. « Et quoy qu'au commencement
tous les Chanoines, tant Reguliers que Seculiers,
l'eussent assez courte et qui ne descendoit que jusqu'aux genoux, de la longueur qu'elles estoient quand
on les avoit sur la teste, la coutume a néantmoins
voulu depuis, qu'on ait agrandi les Aumusses lorsqu'on
accourcissait les Surplis (2). » Mais comme ce vêtement
incommodait pendant les chaleurs de l'été, on le rejeta
peu à peu, en guise de manteau, sur les épaules. Puis
des deux il ne fit que passer sur une, pour pendre sur
le côté. Enfin, transformé en une longue bande de
pelleterie parsemée de petit-gris, de langues ou queues
d'hermine, on le reposa sur le bras (3). C'est sur le
bras gauche qu'on le porte aujourd'hui (4).

Jadis, en certaines églises, les prêtres portaient
l'aumusse sur la tête lorsqu'ils se rendaient à l'autel

(1) Au *panno nigro* et aux *pellibus*, cités d'après les CLÉMENTINES,
nous pouvons ajouter le *de pellis* et le *de pellibus agninis forratum*
qui sont employés dans le DE VESTIARIO génovefain pour désigner
l'aumusse.

(2) Cf. *op. cit.* de Du Molinet, p. 17.

(3) Du Molinet dit avoir vu des portraits de chanoines remontant *à deux et trois cents ans*, d'après lesquels l'aumusse était,
déjà à cette époque, portée sur une seule épaule.

(4) On connaît le fameux vers du *Lutrin* :

   Déjà l'aumusse en main il marche vers l'église.

pour offrir le saint sacrifice. Parfois aussi on concéda
cette faveur aux nouveaux prêtres, le jour où ils célé-
braient leur première messe.

L'usage des habillements de tête n'est pas fort
ancien dans le costume de chœur. La première appa-
rition n'eut lieu qu'en 1242. A cette époque les religieux de l'église métropolitaine de Cantorbéry obtin-
rent du pape Innocent IV de se couvrir pendant l'office
divin, parce que, y assistant jusque-là tête nue, ils
avaient contracté de fâcheuses maladies.

Il est à peu près certain que, dès le début, ce vêtement était absolument noir. Quelques pierres tom-
bales, notamment à Notre-Dame de Paris, représentent
des chanoines dans leurs habits sacerdotaux, portant
sur la tête l'aumusse en marbre noir encadrée dans la
pierre. En outre, une bulle de Clément VII, dans la
première moitié du XVIᵉ siècle, autorisa les chanoines
de Saint-Etienne-de-Châlons à changer leurs aumusses
noires en grises.

Les laïques avaient fait usage de ce vêtement avant
les ecclésiastiques, et ils continuèrent à en user pendant bien des siècles, en lui donnant des formes
spéciales, en le composant d'étoffes, de fourrures, plus
ou moins agrémentées. Les rois, les princes, les
dignitaires séculiers et réguliers, prirent parfois l'aumusse comme un insigne. Ainsi le continuateur de
Nangis et la Chronique de Flandres parlent de l'aumusse et de la barrette de Charles IV. Louis XI
demanda au Pape de porter « Surplis et Aumusse. »
L. de Laborde nous dit que c'était « une coiffure rem-
bourrée, destinée à soutenir la couronne et à préserver
la tête. » Un manuscrit de la Bibliothèque Nationale

mentionne une aumusse qui devait être placée sous la grande couronne que le roi portait, et met en compte « trente-six sols pour l'avoir fait fourrer (1). » Châteaubriand a écrit : « Les rois de France ont perdu leur épitoge et leur aumusse. » Enfin un chroniqueur nous apprend que l'aumusse portée par une prieure « s'attachait devant le front à un fermoir d'or incrusté d'une ananchite. »

Comme le camail, la mozette et le chaperon ou capuce, l'aumusse fut réellement utile aux chanoines tant qu'ils ne portèrent point de bonnet. Mais déjà au temps de Clotaire on faisait usage d'un *palliolum*, comme le mentionne Fortunat, parlant de saint Germain évêque de Paris. Cette coiffure trop chaude et trop incommode fut bientôt mise de côté, et les vêtements antérieurs reprirent leur usage primitif. Néanmoins on trouve, dès le X° siècle, des coiffures spéciales et distinctes des habits dont nous parlons. Ainsi l'*Histoire de Liège* rapporte que l'évêque Notgère voulant reprendre, en 980, le château de Chévremont ravi à son église, fit déguiser des soldats en clercs et en chanoines, « leur faisant porter ces Chappes et cacher leurs cheveux sous leurs Bonnets de laine, *laicalem comam pileis laneis celari jubet.* » Du Molinet confirme cette donnée par l'indication suivante. « La figure qui est sur le tombeau de Iean du Ermelin au Cloistre de Sainte-Geneviève, de l'an 1252, a le Capuce de sa Chappe abattu, et porte sur la teste un petit Bonnet en forme d'une Calotte, sinon qu'il est plus large en haut qu'en bas. La coutume vint par après de

(1) *Comptes de l'argenterie des rois de France,* par Douët d'Arcq.

les faire encore plus amples, mais ronds et fort plats, presque en la mesme manière de ceux que portent aujourd'huy les Novices des Iesuites, et on les appeloit des Barrettes, du mot latin *Birretum* (1). »

Le côté utile de l'aumusse a été remplacé effectivement par la barrette, qui du reste allait de pair déjà au temps du concile de Râle, puisqu'il fut décrété, dans la XXI° session, que les chanoines devaient avoir, à l'église, la tête couverte de l'un ou l'autre de ces vêtements : *Canonici ecclesias ingrediantur almutias vel byreta tenentes in capite.* Au concile de Salzbourg, déjà cité et qui eut lieu en 1368, on décréta : *Ne intra vel extra ecclesiam incedant absque caputio capitis, birreto, capello, vel pileo.* En 1440, le concile de Frisingue interdisit de porter en public le bonnet sur la tête et le chaperon sur l'épaule : *Birretum capite superpositum cum caputio humeris imposito portare ipsis in publico deambulantibus prohibemus.* Lorsque dix ans plus tard l'empereur Frédéric III fut couronné à Rome, il fut fait, selon l'usage, chanoine de Latran par l'imposition de la cotta et de la barrette, *imponendo ei Cottam et Birretum.*

Cette barrette, d'abord de forme ronde et plate, prit une figure carrée dans le cours du XIV° siècle et peut-être même vers la fin du XIII°. Elle était, dit le P. Du Molinet, d'un tissu de laine grossière et portait « quatre espèces de cornes qui paroissoient néanmoins fort peu au-dessus. » Des tapisseries, datant de 1540 et appartenant à l'abbaye Sainte-Geneviève de Paris, représentent également couverts de ces bonnets

(1) *Figure des habits,* etc., p. 21

des chanoines, des présidents et des conseillers de Parlement.

Quant à la barrette, telle que nous la voyons aujourd'hui, et qui se compose de quatre quartiers en carton recouverts d'é. ffe, elle remonte au XVII° siècle. Elle est la coiffure propre et spéciale aux ecclésiastiques de tous les degrés de la hiérarchie. Elle est différenciée pour les chanoines, soit par la couleur de la doublure qui est généralement rouge, soit par des liserés violets ou ponceaux dessinant toutes ses arêtes, avec une houppe de soie de ces mêmes nuances.

Selon le concile d'Asti (1588) la barette doit être de couleur noire : *Birretum sit nigri coloris*, et se porte ainsi : *illudque non fronti vel alteri temporum descendens inclinatumque, sed capiti æqualiter impositum.* Les cardinaux l'ont rouge, les évêques violette (1). L'écrivain Sarnelli nous apprend que les chanoines d'Anvers l'avaient de la couleur épiscopale, « non pas comme une prérogative, mais pour se conformer à une ancienne tradition. » Actuellement fort peu de chapitres sont dotés de la barrette violette. C'est contre la règle que certains y portent quatre cornes, alors que la Congrégation des Rites (n° 4845) en interdit l'usage au chœur, même aux docteurs et maîtres en théologie.

« Si quelqu'un est curieux de sçavoir pourquoy il s'en trouve qui n'ont que trois cornes, comme en

_____

(1) C'est une simple tolérance pour les évêques, qui eux aussi devraient la porter noire. Il y a quelques années seulement leur a été concédée la calotte *violette*, alors qu'elle devrait être aussi *nigri coloris.*

Italie, dit Du Molinet, qu'il lise un Traité fort docte
qu'a fait un autheur de ce temps, *de Pileo.* Il y en
remarquera deux raisons : la première naturelle, afin
dit-il, que la corne qui rentre au-dedans, le soutenant,
il ne soit pas sujet à s'enfoncer par le milieu ; l'autre
est morale : car il veut que la disposition des cornes
nous représente la Croix, que les clercs doivent porter pour suivre N. S. ; mais il adjoute que cette Croix
est imparfaite, n'ayant que trois branches, afin de leur
enseigner avec saint Paul qu'ils doivent achever en
eux par la mortification ce qui manque à la Passion de
celuy dont ils sont les principaux membres, *ut im-
pleamus quæ desunt passionibus Christi* (1). »

Quant au symbolisme de l'aumusse, il nous est donné
par saint Charles Borromée : *Canonicum dum humeris vel brachiis almutiam pelliceam imponit, eam
cogitationem suscipere, in se restrictas ac plane
mortuas esse opportere rerum mundanarum affec-
tiones atque cupiditates, ut ejus rei significans est
illa animalis intermortui pellis quam de more gestat.*

La Sacrée Congrégation des Rites a statué au sujet
de ce vêtement qu'il ne peut être pris sans la permission du Saint Siège ; qu'on ne doit point le porter quand
on est revêtu des ornements sacrés et qu'on fait usage
du manteau et de la *Cappa magna* (2). Il est défendu
de le déposer sur l'autel. On peut le mettre sur le
corps d'un chanoine défunt. Quand le chapitre assiste
en corps aux funérailles, les chanoines peuvent revêtir

(1) *Op. cit.,* p. 23.
(2) Du Molinet observe que primitivement, aussi bien que de son
temps, on portait souvent l'aumusse sous la chape. (*Op. cit.,* p. 17).

ce costume, mais non s'ils s'y rendent individuel-
lement (1).

Pour compléter cette étude sur les diverses parties
du costume canonial, nous devons ajouter que dans la
plupart des chapitres il y a, sinon un vêtement distinct
en raison des saisons d'été et d'hiver, du moins quelques modifications dans le tout ou en quelque partie.
Ainsi la mozette est en drap ou en soie ; de même pour
la cappa, etc. — Le costume d'hiver se prend d'ordinaire aux premières vêpres de la Toussaint et se porte
jusqu'aux Complies du Samedi-Saint ainsi qu'aux Matines de Pâques. Celui d'été est porté depuis ce dernier office jusqu'au premières vêpres de la Toussaint.
— Quelques chapitres ont aussi deux sortes de costumes : l'un pour les solennités, qui est toujours plus
somptueux ; l'autre plus simple pour la semaine, les
fêtes ordinaires et les temps de pénitence ou de deuil.

*Insignes et décorations capitulaires. — Chanoines
honoraires.*

En outre des habits de chœur dont nous venons de
parler, et qui sont réellement les vêtements distinctifs
des prêtres chanoines, il est des insignes sur lesquels
nous n'avons pas à nous étendre, puisque nous les
décrivons fidèlement pour chaque chapitre. La plupart
des corps capitulaires ont été gratifiés, à diverses
époques, de croix, de médailles, de décorations,
d'emblèmes suspendus au cou et reposant sur la poitrine, ou adaptés à un des ornements extérieurs du

(1) GARDELLINI, n°° 1238, 2094, 2234, 2248, 2255, 2588.

costume choral. D'ordinaire ces insignes portent gravées la date à laquelle la concession en fut faite, et avec
le portrait du Pontife qui les accorda, l'image du patron de l'église cathédrale ou du diocèse.

Nous devons noter ici que les chanoines *honoraires*
ont, d'après le droit canon, l'usage intégral du costume
adopté par le chapitre qui les a gratifiés de leur
titre honorifique. Cependant dans certains diocèses —
nous avons soin de l'indiquer, — il est des restrictions
apportées à cette loi : tel insigne, telle fourrure ou
couleur sont réservés spécialement aux chanoines
titulaires. Ailleurs les chanoines *honoraires* ne
peuvent revêtir le costume qu'à la suite de l'évêque et
dans les cérémonies auxquelles prend part le chapitre.
Au reste, d'après les règles du droit, même les chanoines *titulaires* ne peuvent porter l'habit canonial
que : 1° dans l'église cathédrale ; 2° là où les membres
du chapitre se rendent capitulairement, ou en vertu,
soit d'une députation canonique, soit d'une délégation
régulière du chapitre ; 3° partout où ils assistent ou
accompagnent l'évêque. L'usage contraire, qui s'est
établi dans le plus grand nombre des diocèses de
France, ne peut prévaloir contre les décrets de la Congrégation des Rites. Parmi les réponses de la Sacrée
Congrégation à ce sujet, nous nous contentons de
rapporter la suivante. « *Ad dubium an vi assertæ
consuetudinis possit unusquisque canonicus singil-
latim uti Cappa et Mozeta tum extra metropolita-
nam, tum extra diœcesim?* Resp. : Negative » (16
avril 1861) (1). Après des réponses aussi formelles

_____

(1) Cf. Muhlbauer, v. *Canonic. habitus*. — Au reste la plupart des

faites en maintes circonstances, on exposa à la Congrégation que dès lors les chanoines honoraires *perpetuo suis insignibus privarentur*. Il fut répondu uniformément, et en 1820, et le 7 septembre 1850 : « *Juxta decreta, in propria ecclesia tantum.* » Tel avait été le décret général de la S. Congrégation du Concile, en date du 31 mai 1817, confirmé par Sa Sainteté, au mois de juin suivant. Le 12 novembre 1831, au n° 26 du *postulatum,* le 7 avril 1832, *ad 1m*, et le 23 mai 1846, *ad 1m et 9m*, mêmes réponses, mêmes confirmations de décisions antérieures.

Situation des Chapitres et rôle des Chanoines

L'importance, le rôle, l'extension, la composition des chapitres ont varié pour le moins autant que la

Statuts et Règlements capitulaires sont très formels à ce sujet et confirment les décisions romaines. Nous n'en rapporterons qu'une preuve. Dans les *Statuts Capitulaires* dressés par Mgr Doney, pour les chanoines de Montauban, l'article V est ainsi conçu : « Lorsque MM. les Chanoines *titulaires* seraient demandés par quelqu'un de MM. les Curés du diocèse pour prêcher dans son église, ou y présider à quelque cérémonie, ou que Mgr l'Evêque donnerait à l'un d'entre eux une commission ecclésiastique à remplir à l'église, il aura le droit de porter la Mozette, comme s'il était dans i'église cathédrale. Cette permission étant une *faveur spéciale* que nous accordons à MM. les Chanoines *titulaires*, MM. les Chanoines *honoraires* ne peuvent jamais s'en prévaloir, ni en user, même sur la permission expresse de MM. les Curés. » — Il ne faut pas oublier que, d'après les canonistes, le *canonicat honoraire* est « *nomen sine re* ; » un canonicat dans les nues, « *canonicatus in aëre* ; » une bulle de savon, « *nomenclatura vacua*, » appellation sans réalité. On peut consulter là-dessus les savantes annotations de Scarfantonius, dans le grand ouvrage de Ceccoperius, qui traite longuement des chanoines et des chapitres.

forme, la couleur et les ornementations de leurs costumes choraux.

Quand les chanoines se furent affranchis de la vie commune, ils n'en continuèrent pas moins à former un corps qui jouissait de grands privilèges. Ils élisaient nos évêques avant le Concordat de François Ier, gouvernaient les diocèses pendant la vacance des sièges épiscopaux, et avaient une juridiction fort étendue et des assemblées indépendantes ; les registres capitulaires en font foi par la teneur des délibérations qui y sont consignées. Les avantages dont jouissaient soit les corps eux-mêmes, soit les individus, engagèrent parfois des laïques à se faire recevoir *chanoines*, sans entrer dans les ordres. Ainsi les rois de France étaient chanoines de Saint-Martin de Tours et de plusieurs autres églises, cathédrales ou collégiales. Dans nombre de chapitres on exigeait des preuves de noblesse, entre autres dans celui de Saint-Jean de Lyon.

De même que la Révolution a enlevé aux chapitres leurs biens et leur juridiction, elle en a réduit prodigieusement le nombre ; et force a été de modifier leurs constitutions. Avant 1789 la France possédait *six cent-cinquante-sept* chapitres cathédraux ou collégiaux, composés de *onze mille huit cent-cinquante-trois* membres. Présentement les *dix-huit* métropoles et les *soixante-douze* cathédrales donnent un total de *quatre-vingt-dix* Chapitres et un effectif de *sept cent-neuf* chanoines *titulaires*. Si à ce chiffre nous ajoutons celui des chanoines *honoraires*, qui est illimité, nous avons un contingent d'environ *deux mille*.

L'Église attache tant d'importance à cette vénérable institution que, dans la célèbre Convention connue sous

le nom de Concordat et signée à Paris le 15 juillet 1801,
par les plénipotentiaires du Pape et du gouvernement
français, la liberté laissée aux évêques d'établir un
chapitre cathédral fut l'objet d'une clause spéciale.
L'article XI est ainsi conçu : « Les évêques pourront
avoir un Chapitre dans leur cathédrale et un séminaire
pour leur diocèse, sans que le gouvernement s'oblige
à les doter (1) ; *poterunt iidem episcopi habere unum
capitulum in cathedrali ecclesia... sine dotationis
obligatione ex parte gubernii.* »

La nécessité de pareils établissements ressort de la
teneur des lettres apostoliques *Ecclesia Christi*, portant ratification du Concordat. Pie VII s'exprime ainsi :
« Comme il est *nécessaire* d'assurer l'éducation des
clercs, d'entourer l'évêque d'un conseil qui l'aide à
porter le fardeau de l'administration de son Église,
nous n'avons pas omis de stipuler qu'il existerait dans
chaque église cathédrale un chapitre, et dans chaque
diocèse un séminaire, quoique le gouvernement ne
s'astreigne pas à les doter. » Dans la bulle *Qui Christi
Domini vices*, du 29 novembre 1801, le Pape donna
l'ordre à son légat *a latere* de procéder à l'institution
des chapitres... « *Mandamus* »; tel est l'ordre formel.
Il confère à son légat les pouvoirs nécessaires et op-
portuns les plus étendus pour réaliser cette institution
conformément aux canons.

Le cardinal-légat Caprara se mit à l'œuvre. Par
décret du 9 avril 1802, est accordé à tous les archevêques et évêques le pouvoir d'ériger un chapitre dans

(1) Même les *Articles organiques*, frauduleusement ajoutés au
Concordat, portent cette autorisation.

leurs métropoles et cathédrales, et d'y établir le
nombre de dignités et d'offices qu'ils jugeront conve-
nable pour l'honneur et l'utilité de leurs églises, en se
conformant aux prescriptions des conciles et des saints
canons sur cette matière. L'état dans lequel se trouvait
alors la France rendit impossible ce rétablissement
immédiat. Par suite, le Pape Pie VII, dans la bulle sur
la nouvelle délimitation des diocèses donnée au mois
d'août 1817, et dont l'effet ne put être réalisé qu'en
1822, disait : « Conformément aux saints décrets du
Concile de Trente, chaque métropole et chaque cathédrale devraient avoir un chapitre et un séminaire ; mais
considérant que, d'après l'usage maintenant observé
en France, le nombre des dignitaires et des chanoines
n'est pas encore fixé, nous ne pouvons, quant à présent,
rien statuer sur cet établissement ; nous commettons
cette charge aux archevêques et évêques des sièges
que nous venons d'établir, et nous leur ordonnons
d'ériger aussitôt que faire se pourra, dans les formes
canoniques, les susdits chapitre et séminaire, à la dotation desquels il est pourvu par l'article 8 de ia susdite convention (du 11 juin 1817). »

Une loi du 14 mars 1804 renfermait cette clause :
« A l'avenir on ne pourra être nommé Chanoine, sans
avoir soutenu un exercice public et rapporté un certifi-
cat de canonicité paroissiale, le dogme, l'histoire ecclésiastique, les maximes de l'Église gallicane et les
règles de l'éloquence sacrée. » Cet article voulait sup-
pléer en quelque chose à la loi du concours imposée
par le droit canon à tous ceux qui aspiraient à une
situation ou dignité ecclésiastique. Plus tard une ordonnance royale éleva encore le degré de capacité. Il

était dit : « A dater du 1ᵉʳ janvier 1835 nul ne pourra être nommé dignitaire ou membre de Chapitre, s'il n'a obtenu le grade de licencié en théologie, ou s'il n'a rempli pendant 15 ans les fonctions de curé ou de des-servant. »

Ainsi, peu à peu les corps capitulaires furent réorganisés sur les bases assignées dans le Concordat et les lois supplémentaires. Mais qu'il y eut loin de ces chapitres à ceux d'avant la Révolution ! Tandis que précédemment on comptait dans chaque cathédrale jusqu'à quatre-vingt membres comme à Laon, quarante-cinq comme à Soissons, etc., le nombre en fut réduit à ce qu'il est aujourd'hui, c'est à dire à *huit* ou *neuf* pour les églises cathédrales, et à *neuf* ou *dix* pour les métropoles. Seul le chapitre de Notre-Dame de Paris en a *quinze* ou *seize*.

Autrefois encore les canonicats étaient ou transmis par hérédité, sauf certaines réserves au Pape, ou bien cédés à un coadjuteur que le titulaire désignait pour après sa mort ou à la suite d'une résignation volontaire. D'après la réglementation qui nous régit depuis le rétablissement du culte, le chanoine est nommé par l'évêque et agréé par le gouvernement. Le traitement qu'il reçoit alors ne lui est compté qu'à partir du jour de l'installation, comme il a été réglé par ordonnance du 13 mars 1832.

Les dignités et offices ont aussi beaucoup changé depuis la nouvelle organisation. Jadis le chapitre se composait d'un *Prévôt* ou *Primicier*, titre ordinairement suivi de celui de *Doyen* ; d'un *Chantre*, appelé aussi *Précenteur* ; d'un *Théologal*, d'un *Pénitencier*, d'un *Trésorier*, d'un *Custode* ou *Sacristain*. Et lorsque l'administration canoniale revêtait la forme monacale (quant à la cohabitation et à la règle commune), on y trouvait aussi, comme dans les monastères, le *Cellerier*, l'*Infirmier*, le *Portier*, l'*Ecolâtre* ou *Capiscol*.

De nos jours on ne connaît guère plus que les dignités et offices de *Doyen*, qui a remplacé le *Prévôt* ; de *Lecteur* qui tient lieu du *Précenteur* ; de *Théologal* formellement désigné par la bulle de circonscription des diocèses de l'an 1817, aussi bien que le *Pénitencier*. Quelques cathédrales ont encore attitré un *Custode*, généralement c'est un simple prébendé du chapitre. On trouve aussi un *Trésorier* et un *Secrétaire* ou *Chancelier* ; offices que les chanoines se partagent entre eux, et auxquels ils s'appellent mutuellement, soit pour la gestion de certaines fondations ou offrandes soit pour la rédaction des délibérations capitulaires.

Actuellement encore les prêtres honorés du canonicat sont considérés comme les conseillers de l'évêque. Aussi dans les dispositifs des *mandements* épiscopaux lit-on cette phrase consacrée : « Après en avoir conféré avec nos vénérables frères, les Chanoines et Chapitre... » A eux incombe, comme par le passé, la prière de l'Eglise, fonction qui les oblige chaque jour à la messe capitulaire et à l'office canonial (1). Dans leur cathédrale ils président aux cérémonies les jours de dimanche et de fêtes, à moins que l'évêque ne pontifie ; dans ce cas ils l'assistent, remplissant autour de lui les diverses fonctions demandées par la liturgie. A la mort de l'évêque « les Chapitres

---

(1) Quelques chapitres sont présentement dispensés du grand office, et n'ont que la réunion du matin.

cathédraux sont tenus, sans délai, de donner avis au gouvernement de la vacance des sièges et des mesures qui auront été prises pour le gouvernement des diocèses vacants (1). » Et tandis que, contrairement au droit canon, la loi organique voulait que les vicaires généraux continuassent leurs fonctions même après la mort de l'évêque jusqu'à remplacement, un décret impérial, sur la demande du Pape, stipula, le 28 février 1810, que : « Pendant les vacances de sièges, les Chapitres présenteront à notre ministre des cultes les vicaires généraux qu'ils auront élus, pour leur nomination être reconnue par nous. » (Art. VI). Au nom du chapitre les vicaires capitulaires élus et approuvés administrent le diocèse jusqu'au jour où le nouvel évêque fait sa prise de possession par lui ou par un fondé de pouvoir.

Dotation des Chapitres ; traitement des Chanoines.

Si jadis les propriétés foncières, les rentes, patronats et bénéfices, constituaient aux chapitres cathédraux une véritable fortune, les chanoines dépossédés par la saisie des biens en 89 et 93, sont réduits aujourd'hui au traitement donné comme compensation par l'État et à quelque supplément voté, en certains endroits, par les conseils généraux. Comme établissements religieux ils furent autorisés, par loi du 2 janvier 1817 et par ordonnance royale du 2 avril de cette même année, à accepter des legs et donations. A défaut du doyen, le plus ancien chanoine recevait ces générosités

(1) *Articles organiques*, art. 37.

ou successions (1). Par suite de dons faits en leur faveur, quelques chapitres jouissent encore de quelques revenus ou de rentes non aliénées des anciens chapitres. Ils ont parfois des charges spirituelles, obits ou fondations pies, qui absorbent la majeure part de ces revenus.

Comme on l'a vu ci-avant, le gouvernement ne s'était pas engagé à doter les chapitres, « mais, dit M. Charles Jourdain ancien chef de division au ministère de l'Instruction publique et des cultes, ce qu'il n'avait pas voulu se laisser imposer par la lettre d'un traité, il le fit de bonne grâce, par équité et par prévoyance. Quand on érige un titre ecclésiastique, disait Portalis avec sa haute raison, il faut le doter. L'indigence des ministre du culte compromettrait et avilirait leur ministère (*Discours, rapports*, etc., *sur le Concordat de 1801*, p. 277). Une année s'était à peine écoulée qu'un arrêté consulaire du 14 ventôse an XI (5 mars 1803) assurait aux chanoines 1.000 francs. Comme les lois de finances laissaient alors les dépenses diocésaines à la charge des départements, il paraissait naturel que les traitements des membres du chapitre fussent acquittés sur les fonds départementaux. Les conseils généraux, invités à y pourvoir, accordèrent les crédits qui leur étaient demandés. Toutefois, le gouvernement reconnut bientôt qu'il s'agissait là d'une institution publique, inséparable annexe des évêchés, d'un service qui intéressait l'ordre de l'Église et que l'État lui-même devait rémunérer, l'usage s'établit de payer aux grands vicaires et aux chanoines, sur les fonds du trésor, le traitement déterminé par l'arrêté du 14 ven-

(1) Ordonnance royale du 26 mars 1826.

tôse, sans avoir égard aux indemnités que les départements avaient pu leur allouer, et qui furent considérées comme un supplément à la fois très éventuel et très nécessaire.....

« Avec une modique somme de 1.000 francs, leur seule ressource, comment des prêtres, âgés, souvent infirmes, que l'évêque appelait dans son conseil, pouvaient-ils soutenir le rang qui leur était assigné dans la hiérarchie ecclésiastique. L'insuffisance du traitement des chanoines était universellement reconnue, lorsqu'il fut élevé d'abord à 1.100 fr., puis à 1.500, par les ordonnances du 5 juin 1816 et du 20 mai 1818 (1). » En 1819 ce chiffre fut élevé à 2.400 pour les chanoines de Paris. Si, par la suite, des indemnités extraordinaires furent allouées dans quelques départements aux membres des chapitres, ce fut facultativement, par un vote spécial des conseils généraux, dont l'administration centrale provoqua, du reste, et sollicita plusieurs fois la munificence.

« La révolution de Février, dit M. Charles Jourdain, ne troubla pas la modeste position que les gouvernements précédents avaient faite et conservée aux chanoines ; cependant, au mois de juillet 1851, une fraction de l'Assemblée législative, qui s'était déjà signalée par son hostilité contre les cardinaux et les évêques, continua et couronna sa campagne en formulant un projet de loi qui rayait du budget de l'Etat les chapitres diocésains et métropolitains. Le projet échoua devant la sagesse de la commission d'initiative parlementaire dont le rapporteur, M. Henry

_____

(1) *Budget des cultes en France*, p. 69, par M. Charles JOURDAIN.

de Riancey, démontra savamment l'utilité sociale et religieuse de l'antique institution que le parti démocratique menaçait de détruire. (Séances de l'Assemblée législative du 11 et 20 juillet 1851). »

En 1853, le gouvernement reconnut la nécessité d'augmenter le traitement des vicaires généraux de Paris et des chanoines de cette église métropolitaine ; ceux-ci eurent 2.500 fr. Cependant rien ne fut alors changé dans la situation des chanoines dans les départements. Il y avait vingt-cinq ans que le chiffre de leur pension, 1.500 fr., n'avait pas varié. « Au budget de 1859 figure une somme de 65.400 fr. destinée à élever de 100 fr., c'est-à-dire à porter de 1.500 à 1.600 fr., le traitement des six cent-cinquante-quatre chanoines des départements. Cette augmentation n'est plus seulement une promesse ni une espérance ; elle a été réglée d'une manière définitive par le décret du 3 août dernier. Elle relèvera un peu la situation temporelle des auxiliaires les plus immédiats de l'épiscopat, sans toutefois étouffer en eux le désir de nouvelles améliorations plus sérieuses, plus complètes, que les vœux unanimes des évêques réclament, et que les intentions bien connues du gouvernement permettent d'espérer. (1). »

En effet, au cours de l'année 1858, Son Excellence M. Rouland, ministre de l'Instruction publique et des Cultes, à l'appui du projet de budget des dépenses des cultes pour l'exercice 1859, produisit une note préliminaire dont nous extrayons ce qui suit :

« 65.400 francs pour élever de 1.500 fr. à 1.600 fr. le traitement de 654 chanoines des départements.

(1) M. Charles JOURDAIN, *Budget des Cultes en France*, p. 69.

« Les chanoines sont le conseil des évêques. Il importe à la bonne administration des diocèses qu'ils soient recrutés parmi les ecclésiastiques qui offrent le plus de garanties sous le rapport de l'âge, des lumières et de l'expérience. Or, dans les conditions de la vie actuelle, un traitement de 1.500 fr. est évidemment tout-à-fait insuffisant pour être offert à des hommes qui ont sans doute des habitudes très modestes, mais dont il est nécessaire que l'Etat récompense et encourage les services par une rénumération proportionnée, autant que possible, à leur rang hiérachique et à leur mérite personnel. Comment un évêque peut-il proposer aujourd'hui un siège dans son chapitre à un curé de première classe dont il aimerait à recueillir les avis, mais qui, dans sa cure touche déjà un traitement de 1.500 fr. indépendamment du casuel et du logement, et qu'un canonicat privera de la plus grande partie de ses ressources? L'augmentation de 65.400 fr. demandée au budget de 1859 atténuera les inconvénients très graves de la situation actuelle. »

« Telles sont les paroles de M. le Ministre, écrit M. Ariste Boué, docteur en droit, ancien chef de bureau au ministère de l'intérieur ; et, comme nous l'avons dit, nous ne faisons que les transcrire ; elles exposent parfaitement l'état des choses ; mais, nous le demandons maintenant, l'augmentation de cent francs proposée par le gouvernement est-elle de nature à changer cet état ou à le modifier sensiblement? Cette augmentation représentera-t-elle pour le nouveau chanoine le logement dont il jouissait comme curé, le casuel dont il profitait, l'accroissement de dépenses résultant de son séjour dans la ville épiscopale? Peut-

on y voir une rénumération proportionnée au rang
hiérarchique auquel il est élevé et au mérite personnel
qui l'y fait appeler ? Tout ce qui est vrai aujourd'hui des
chanoines rétribués 1.500 francs, ne sera-t-il pas également vrai demain des chanoines recevant cent francs
de plus ou 1.600 francs ?

« Il est évident que cette augmentation est tout-à-
fait insuffisante. Ce n'est pas une augmentation sé-
rieuse ; ce n'est qu'un témoignage de bienveillance et
de souvenir ; ce n'est sans doute qu'une assurance
donnée aux chanoines que l'attention du gouvernement
s'est portée sur leur position, qu'il reconnaît que cette
position n'est pas ce qu'elle devrait être, et que son
intention est de les rétablir au rang qu'ils devraient occuper. »

Ce vœu formé par tous ceux qui comprennent la
situation des chanoines, ne se réalisa jamais. Plus
que cela, malgré les engagements formels et les nombreuses lois qui établissent la sincérité et la validité
de la dotation faite aux corps capitulaires, le gouvernement a plusieurs fois cherché à la réduire et même
à la supprimer, soit comme inutile, soit même comme
anticoncordataire. Après la tentative infructueuse de
1851, vint celle de 1882.

Alors une partie de la Chambre des députés opta
pour la suppression du budget des cultes, et voulut
préparer ainsi la séparation de l'Eglise et de l'Etat. Le
gouvernement trouva la proposition trop prématurée
et peut-être dangereuse ; aussi on négocia de manière
à l'étouffer, tout en donnant des espérances pour des

_____

(1) *Nouveau journal des conseils de fabrique*, t. **VI**, p. 142.

temps qu'on trouverait plus favorables à leur réalisation.

Deux années s'écoulent, et le 11 décembre 1884, après une longue campagne de spoliation du clergé, la Chambre des députés supprime le traitement de tous les chapitres cathédraux et du chapitre national de Saint-Denis. L'éloquente protestation de Mgr Freppel ne fut pas écoutée ; et, quand l'illustre évêque d'Angers uni à son collègue M. de Mun offrit, par amendement, de voter au moins la réduction proposée par le gouvernement (1), la Chambre répondit négativement par 250 voix contre 231. Dans la même séance la majorité refusa même d'accepter la concession que lui faisait le gouvernement en lui promettant la réduction des chapitres par voie d'extinction, jusqu'à concurrence du quart de leurs membres.

Portée au Sénat, cette question de vie ou de mort des chapitres fut chaleureusement traitée par les orateurs catholiques tels que M. Chesnelong, Lucien Brun, de Kerdrel, baron de Ravignan, etc. Vainement la vigoureuse argumentation de Chesnelong sollicita de rétablir le budget intégral des chapitres par la restitution des 57.000 francs que le ministère était d'avis de supprimer ; 166 voix contre 82 repoussèrent l'amendement.

Lorsque, le 11 mars 1885, le projet fut renvoyé à la Chambre des députés, on eut le même résultat qu'au premier vote, c'est-à-dire, refus absolu d'adhérer aux propositions soit du ministère, soit du Sénat. Pour

---

(1) Il s'agissait de réduire à 1.155.600 francs le budget des cha-pitres, qui auparavant était de 1.400.000 environ.

amener une conciliation, le président de la Chambre mit donc aux voix le chiffre de 1.100.000 francs proposé par le Garde des sceaux, avec engagement de ne plus nommer aux stalles vacantes et de laisser ainsi s'éteindre les chapitres. A la majorité de 225 voix contre 221, sur 446 votants, chiffre et proposition furent adoptés.

Une année s'écoule. En 1887 la commission du budget, voulant réaliser des économies depuis longtemps demandées aux nombreux ministères qui s'y succèdent rapidement, propose une diminution de 80.000 francs sur le chapitre « *allocations aux Chanoines.* » Dans la séance du 31 janvier, le président du Conseil, augurant que cette proposition allait soulever des conflits et était acte de très mauvaise politique, demande à la Chambre le rétablissement intégral du crédit afférent à cette dépense.

L'orateur dit que « les vieux Chanoines reçoivent seuls un traitement. C'est un crédit qui disparaîtra par extinction. » Les Chanoines qui seront nommés, ajoute-t-il, « savent qu'ils ne recevront pas de traitement. Il n'y a que 600 chanoines rétribués, dont 19 seulement ont moins de 40 ans. On en compte 170 d'octogénaires. »

Après cette plaidoirie, qui démontre l'inopportunité de la mesure proposée et le danger qu'elle pouvait occasionner au Gouvernement si elle était adoptée, le crédit entier, avec les conditions posées en 1885, est rétabli par 301 voix contre 208, sur 509 votants.

Telle est la situation présente de nos Chapitres cathédraux : c'est officiellement leur extinction à bref délai.

Statuts Capitulaires

Parmi les dispositions de la bulle *Qui Christi Domini vices*, une des principales et dont dépendait l'existence et la régularité des chapitres, est la rédaction des Statuts capitulaires. Le Souverain Pontife chargea son légat de pourvoir à ces règlements, ou plutôt de voir et approuver ceux que chaque collège cathédral devait soumettre par l'entremise de son propre évêque, « *ad probanda statuta respectivorum capitulorum,* » non moins que d'assigner les insignes de chœur, « *ad concedendum iisdem choralia insignia quæ iis convenire arbitrabitur.* »

Par le décret exécutorial *Cum Sanctissimus* du cardinal-légat, en date du 9 avril 1802, les évêques furent délégués pour ériger les chapitres et en dresser les Statuts. « Or, écrivait le cardinal Caprara, afin que dans les mêmes églises métropolitaines et cathédrales, en ce qui touche les chapitres à ériger, la discipline ecclésiastique soit gardée, il incombera aux premiers archevêques et évêques de définir et régler, à leur volonté et sagesse, ce que réclame l'état heureux et prospère des chapitres, à ériger ainsi leur régime, gouvernement et direction ; ce qui a trait à la célébration de l'office divin, aux cérémonies et rites à observer dans les mêmes églises et au chœur, ainsi qu'à toutes fonctions devant être remplies par les dignités et par les chanoines des mêmes chapitres ; étant laissé toutefois à leurs successeurs la faculté de changer ces Statuts, après avoir préalablement requis conseil des chapitres respectifs, si, attendu les circonstances, ils jugent utile et opportun de le faire... Mais dans ces statuts à dresser ou à changer, que les saints canons soient religieusement observés, et qu'on tienne compte des usages et coutumes louables auparavant en vigueur pouvant s'adapter aux circonstances. »

Ce ne fut que lentement qu'on put procéder à la confection de ces Statuts. Et comme on visait à les rendre aussi uniformes que possible pour tous les chapitres, on dressa un *Projet de règlements* dont les archives de plusieurs évêchés et cathédrales possèdent encore une copie. « Nous avons des raisons pour croire que ce projet a été élaboré à l'occasion de la bulle *Commissa divinitus*, dit M. l'abbé Pelletier. A qui faut-il en attribuer l'initiative ? Nous l'ignorons (1). »

NOTA. — Les pages précédentes sortaient de sous presse lorsque a paru le bref du pape Léon XIII qui, en souvenir de son Jubilé sacerdotal, a concédé aux évêques l'usage de la barrette *violette*. Rectifier par conséquent ce que nous avons dit à ce sujet, ci-avant, p. 35, note 1.

_____

(1) On trouvera le texte de ce *Projet* dans l'ouvrage déjà cité du chanoine Pelletier *Des chapitres cathédraux*, p. 514-526.

DEUXIÈME PARTIE

LES CHAPITRES

Nous rangeons dans cette seconde partie chacun des chapitres cathédraux selon l'ordre alphabétique des Provinces ecclésiastiques. Pour chacun nous suivons la marche indiquée par le sous-titre de cet ouvrage, en exposant d'abord, en quelques lignes, la *Notice* historique, et décrivant ensuite, dans deux paragraphes, le *Costume* choral ainsi que les *Sceaux* et *Armoiries*. En tête de chaque Province on trouvera aussi un abrégé sommaire de sa constitution et des diverses transformations qu'elle a pu subir à travers les siècles.

PROVINCE D'AIX

——— ——

De tout temps, Aix fut le centre d'une métropole ecclésiastique. Ainsi, sous la domination romaine et jusqu'au xiiie siècle, elle eut pour évêchés suffragants Apt, Fréjus, Antibes, Gap, Sisteron et Riez. En 1244 le siège d'Antibes transféré à Grasse ressortit à la métropole d'Embrun. Après le rétablissement du culte, en 1802, cette province se composa d'Ajaccio, Avignon, Digne et Nice. Mais les événements de 1814 lui enlevèrent ce dernier siège épiscopal. La reconstitution de la province d'Avignon en 1822 amena un nouveau remaniement dans les suffragances, qui furent alors Ajaccio, Digne, Fréjus, Gap et Marseille ; en 1837 on leur adjoignit le siège d'Alger qui, trente ans plus tard, fut élevé au rang archiépiscopal. Depuis l'année 1867 la province ecclésiastique est ainsi composée : Aix, Ajaccio, Digne, Fréjus, Gap, Marseille, Nice.

AIX, ARLES ET EMBRUN.

Aquæ Sextiæ ; Arelates ; Ebrodunum.

NOTICE. — Avant la révolution de 1790 ces trois titres, réunis aujourd'hui sur la tête du métropolitain d'Aix, désignaient trois métropoles distinctes. Arles, qui eut un évêque dès l'origine du christianisme dans la province romaine, devint métropole au ive siècle et ses évêques portèrent le titre de primats. Ce siège, supprimé en 1790, fut uni à celui d'Aix. — Au ive siècle le siège épiscopal d'Embrun fut aussi élevé au rang d'archevêché ; la révolution le rendit simple suffragant d'Aix ; mais, supprimé en 1802, ses anciennes dépendances font actuellement partie du diocèse de Gap. — Quant à Aix, depuis la domination romaine, il y eut toujours un siège métropolitain avec son propre chapitre. Ce chapitre métropolitain a pour patron : Saint Sauveur, (la Transfiguration).

Costume canonial. — En toutes circonstances les chanoines portent : 1° le *Rochet* brodé ; 2° dans les solennités ils revêtent la *Cappa magna* du chapitre de Latran, qui est en laine violette avec capuce ou timbre de soie rouge en été, et d'hermine blanche en hiver ; 3° comme habit simple, la *Mozette* de soie noire, doublée de soie rouge, avec boutons et coutures à points d'épinettes de cette même couleur. Par dessus ces vêtements : 4° une *Croix pectorale*, forme de Malte, en or, émaillée de blanc, contournée de feuillages de chêne d'or. Au centre un médaillon ovale portant sur la face une Immaculée avec la date du 8 décembre 1854 ; et au revers l'effigie de Pie IX avec cet exergue : Pius PP. IX Venerabili Capitulo Aquensi. Un ruban de moire bleue, liséré de blanc, sert à suspendre cet insigne. Il fut concédé sous l'épiscopat de Monseigneur Darcinoles.

Sceau capitulaire. — *De gueules, à l'Agneau pascal d'argent passant, chargé d'une croix à banderolle du même.* La devise est : Antiqua sine lege nobilitas.

AJACCIO.

Urcinium, Accium, Adjicium, Adjacium.

Notice. — Il faut remonter au vii° siècle pour trouver un siège épiscopal dans la ville d'Ajaccio. Cette Église ne nous intéresse que depuis un peu plus d'un siècle. En 1768 le département de la Corse, qui forme ce diocèse, fut réuni à la France. Quand vint la révolution de 1790, il y avait un chapitre qui, précédemment suffragant de Gênes, dépendait de la métropole d'Aix ; tout le diocèse d'Ajaccio ne se composait alors que de 63 cures. Il compte aujourd'hui 5 arrondissements divisés en 70 cures et 349 succursales. Le chapitre y fut réorganisé par le Concordat de 1802.

Patron du chapitre : Saint Euphrase.

Costume canonial. — A la réorganisation qui suivit le rétablissement du culte on donna aux chanoines d'Ajaccio l'habit de chœur du chapitre de Paris ; et ils le portent encore de nos jours. Ce costume consiste en : 1° un *Rochet* sans guipure ; 2° une *Mozette* de soie noire doublée de soie rouge, avec boutons, boutonnières et lisérés en soie de cette même couleur. Ces messieurs n'ont jamais porté ni fourrure, ni croix pectorale, ni aucune sorte d'ornementations ou d'insignes.

Sceau capitulaire. — Ovale ; sur une terrasse un saint Euphrase, patron de l'église cathédrale, en mitre, chape et crosse, bénissant de la main droite. Tout autour cette inscription : Capitulum adjacense. S. Euphrasius.

DIGNE

Dinia.

Notice. — L'origine du siège épiscopal remonte au IVe siècle, avec S. Dominin pour premier évêque. Jusqu'en 1790 il fut suffragant d'Embrun et eut constamment son chapitre particulier. Conservé pendant la révolution avec Villeneuve, évêque constitutionnel, il rentra en 1802 dans la province ecclésiastique dont il relève aujourd'hui encore.

Le vrai chapitre fut rétabli par Monseigneur Dessoles, et définitivement constitué par Monseigneur Miollis.

Le chapitre a pour patron et titulaire : Notre Dame et Saint Jérome.

Costume canonial. — Messieurs du chapitre portent au chœur : 1° le *Rochet*, qui est simple pour l'Avent, le Carême et les cérémonies funèbres ; orné de guipures aux jours de dimanches et de fêtes, concession accordée par indult du 27 mars 1884. — 2° Le *Camail* ordinaire en faille ou drap noir, doublé de soie couleur ponceau et garni de boutons et piqûres de cette même nuance ; tout autour une bande d'hermine. — 3° *Croix pectorale*, en argent doré et émail blanc, de forme grecque, dont les branches sont réunies par des tiges à feuillage, avec tiare papale à l'anneau. Au centre médaillon bleu et vert, portant sur la face principale la Vierge en pied entourée de l'inscription : Concilium Vaticanum viii dec. 1869. Sur le revers émail rouge portant les armes du chapitre : *Agneau d'or, au fond d'azur*, avec l'exergue : Capitulum Diniense.

Armes et sceau. — Le scel capitulaire est un simple cachet de forme ordinaire, ayant au centre une croix terminée en boule, le pied planté dans un terrain. Autour cette légende : Sigillum capituli Diniensis. Pour armoiries, dans un cartouche à volutes et médaillon : *De gueules, à l'Agnus Dei au naturel reposant sur l'Evangile et tenant une banderolle flottante et attachée à une hampe à double croisillon.*

FRÉJUS ET TOULON.

Forojulium ; Telo Martius.

Notice. — Les deux sièges aujourd'hui réunis remontent à une haute antiquité. Le premier fut fondé vers l'an 374,

5

et eut pour premier évêque Acceptus. Toulon eut aussi
ses évêques en propre depuis l'année 451 avec Honoré qui
précéda saint Gratien. Mais tandis que Fréjus ressortit jusqu'en 1790 à la province d'Aix, le siège de Toulon était
suffragant de la province d'Arles. Toulon disparut à la révolution et est resté supprimé, tandis que Fréjus, réuni en
1802 au diocèse d'Aix, fut rétabli en 1822 comme suffragant de cette métropole. Depuis lors le chapitre cathédral
a été reconstitué tel qu'il est aujourd'hui.

Pour patron : NOTRE DAME.

COSTUME CANONIAL. — L'habit de chœur est double : celui
des fêtes et dimanches, et celui des jours simples. 1° Le
Rochet avec ou sans dentelles (ad libitum). 2° Pour les
fêtes : *Mozette* noire en poult de soie, avec hermine tout
autour, et deux larges bandes de même fourrure descendant sur la poitrine, et encadrant une bande de soie rouge,
large de 15 centimètres ; boutons, boutonnières, coutures
à épinette sur les épaules et au milieu des reins, le tout en
soie rouge. Les jours ordinaires, ce vêtement est dégarni
de la fourrure et du plastron rouge. 3° Sur le costume des
fêtes : *Croix pectorale*, forme grecque, avec branches
émaillées en blanc, portant de face et en relief une Immaculée, sur fond d'azur. La légende se lit ainsi : CONCILIUM
VATICANUM VIII DECEMB. 1869. Au revers les armes du chapitre avec cette inscription : CAPITULUM FOROJULIENSE. Cette
croix est attachée à un large ruban de moire rouge (en
souvenir du concile du Vatican), avec un filet bleu (à cause
de l'Immaculée Conception), et un autre filet jaune (couleur
papale).

ARMOIRIES ET SCEAU. — La tradition veut que les armes
du chapitre de Fréjus aient été données par le pape
Jean XXII, qui fut évêque de ce diocèse de 1300 à 1310.
Elles sont : « *De gueules, à la clef d'argent.* » Ces armoiries
composent le sceau capitulaire qui les porte sur un car-

touche sommé d'une couronne à pointes aiguës et entouré de deux branches de laurier fruitées. Autour, la légende: Sigillum ecclesie Forojuliensis.

GAP.

Vapincum.

Notice. — L'origine de ce siège épiscopal paraît remonter aux premiers temps de l'établissement du Christianisme dans la province romaine, et dépendait de la même métropole qu'aujourd'hui. La révolution le supprima ; puis, par la constitution de 1802 il fut réuni au diocèse de Digne. Rétabli en 1822 il rentra dans sa première province ecclésiastique avec Monseigneur Arbaud. Cet évêque réorganisa le chapitre cathédral.

Il a pour patron : l'Assomption.

Costume canonial. — L'habit choral de MM. les chanoines de Gap a été réglé par les constitutions et instructions synodales publiées en 1853 par Monseigneur Depug. (Synode des 6, 7, 8, 9 et 10 juillet ; n° 117-119). Il se compose : 1° du *Rochet*, en fil, sans broderies ni dentelles, qui est porté sans autres insignes les jours simples et dans les temps ou cérémonies de pénitence ; 2° d'un *Camail* en soie noire pour l'été, et en drap noir pour l'hiver ; ces deux saisons sont fixées par Pâques et la Toussaint. Ce vêtement doit être « doublé de soie cramoisie et garni de boutons rouges en soie, avec deux bandes d'hermine séparées par une bande de soie cramoisie, et au bas, une bordure d'hermine. » — Au Camail de MM. les archidiacres et du doyen est ajouté un liséré rouge sur les coutures ; — 3° d'une *Barrette* noire ; 4° d'une *Croix pectorale*, vermeil et émail, genre légion d'honneur ou de Malte. Le médaillon central porte d'un côté l'image de saint Grégoire, et de l'autre celle de saint Arige qui fut évêque de Gap de 579 à 604 ; autour de ces figures la devise : Sanctus Gregorius magnus, et : Sanctus Arigius episcopus Vapinci. Une banderolle en or relie les quatre branches de la croix et a, d'un côté, cette légende : Nos de duobus charitas unum fecit ; de l'autre : Capitulum ecclesiæ vapincensis. Cet insigne n'est porté que sur la chape ou sur le rochet à hermine, c'est à dire en solennité. Il fut accordé par bref du 16 décembre 1853, et remis solennellement par Monseigneur Dupuy le dimanche 21 mai 1854.

Sceau capitulaire. — Il ne date que de l'année 1884. Sur cartouche à volutes un écu brochant sur croix épiscopale d'or et composé : *De gueules, à la main droite au naturel bénissante de saint-Amans hissante de nuages d'argent ; au chef d'azur chargé de trois étoiles d'argent.* Tout au tour cette inscription : Capitul. et eccl. Cathe. Vapin. ; pendant la vacance du siège, le cartouche est surmonté de ces deux mots : Sede vacante. Au bas, et pendue à un ruban, la décoration de MM. les chanoines décrite ci-dessus.

MARSEILLE.

Massilia.

Notice. — Selon la tradition, ce siège fut fondé par saint Lazare, et demeura le premier suffragant d'Arles jusqu'à la révolution de 1790. Alors cet évêché fut supprimé. En 1802, il fut réuni au diocèse d'Aix. Une nouvelle réorganisation survenue en 1823 rétablit ce siège et le plaça dans la métropole dont il dépend actuellement. Par privilège attaché à la chaire épiscopale, en date de l'an 1851, l'évêque est décoré du *pallium*. Le chapitre fut reconstitué sous l'épiscopat de Monseigneur de Mazenod.

Le patron est : Saint Martin.

Costume canonial. — Messieurs les chanoines sont dotés d'un double costume. Aux solennités: 1° le *Rochet* brodé, qui est aussi porté dans la tenue ordinaire ; 2° la *Cappa* noire avec bordure rouge, et par dessus : 3° la *Mozette* en hermine blanche pour l'hiver, en soie rouge pour l'été, avec doublure de soie noire. — In simplicibus : 4° *Mozette* noire garnie de fourrure blanche et bordée de rouge ; 5° *Barrette* noire garnie de cordonnet rouge sur toutes ses coutures ; 6° *Croix pectorale*, de l'ordre équestre du Saint-Sépulcre ; insigne réservé aux seuls chanoines titulaires. Cette décoration est, comme on sait, la croix potencée d'or, cantonnée de quatre autres de même.

Sceau capitulaire. — Le sceau ovale autour duquel on lit : Ecclesia cathedralis Massiliensis, porte un écusson : *Écartelé, aux 1er et 4e d'argent à la croix du Saint-Sépulcre d'or ; aux 2e et 3e d'azur, le second ayant une Assomption ; le troisième un évêque crossé, chapé et mitré assis sur un roc.* » L'écu est orné d'une coquille renversée ; allusion sans doute aux illustres pélerins qui vinrent échouer aux côtes de Marseille. Comme légende on lit dans une banderolle, placée au-dessus du scel : Jesus diligebat Lazarum.

NICE.

Nicæa, Nicia.

Notice. — L'évêché de Nice était dès le principe à Cimié (*Cemeneleon, Cemelium*), petite ville ruinée aujourd'hui et jadis située au sommet de la montagne qui domine Nice. Il y avait un évêque nommé Amantius, vers 381. Ces deux villes ayant été simultanément épiscopales, l'évêque résida à Nice et fut suffragant d'Embrun jusqu'à la révolution de 1790. En 1802 ce siège passa dans la métropole d'Aix. A la chute de l'empire français il dépendit de Gênes en Sardaigne, et par l'annexion de ce pays à la France, cette chaire est rentrée dans la province actuelle. Le chapitre, « cujus prima origo antiquissima est, » fut reconstitué le 1er novembre 1803 par Monseigneur Jean-Baptiste Colonna d'Istria. Le 10 décembre 1845 son successeur, Monseigneur Dominique Galvano, donna aux chanoines les statuts qui les régissent présentement. Il est à remarquer que ce chapitre se compose de vingt-un chanoines, et que ce nombre, grâce aux fondations, peut s'augmenter encore (Cf. *Statuta*, cap. II).

Il a pour patron : SAINTE RÉPARATE.

COSTUME CANONIAL. — Messieurs les chanoines de Nice sont habillés à l'instar des chanoines de Rome. Ils portent au chœur, les jours ordinaires : 1° le *Rochet* en toile fine avec garniture simple ; 2° une *Mozette* violette, en tous points pareille à celle des évêques. Pour les dimanches et jours solennels : 3° *Rochet* plus riche ; 4° *Cappa* en laine, semblable à celle des évêques, garnie d'hermine en hiver, et de soie rouge en été. Cette chape porte la queue entortillée et soutenue au côté gauche au moyen d'un cordon garni de deux glands, comme le pratiquent les évêques à Rome ; dans les solennités : 5° une *Croix* en or buriné, genre de la légion d'honneur, contournée de rayons sur lesquels quatre croix en émail bleu à doubles croisillons. Au centre un médaillon rond, portant sur la face, au milieu de deux rameaux de lauriers enlacés, l'image de sainte Réparate, titulaire de la cathédrale et patronne du diocèse ; au verso, qui est en or lisse, cette inscription : MUNIFICENTIA PII PP. IX. AN. MDCCCLXIII. L'anneau qui sert à suspendre cette décoration est formé par une couronne de deux branches de chêne dorées ; le cordon est tissu en fils argent et or, et muni de deux gros glands, aussi or et argent, qui retombent par derrière.

ARMES ET SCEAU. — Ce chapitre porte : *D'azur, à un agneau pascal d'argent sur une terrasse chargé d'une oriflamme de gueules, à la croix d'argent.* L'écusson est surmonté d'un chapeau de prélat à trois rangs de houppes. Cet écu de forme ronde repose sur un cartouche à volutes.

PROVINCE D'ALBY.

Une bulle du pape Innocent XI, datée du 30 octobre 1678, érigea cette métropole ecclésiastique, qui eut alors pour suffragants Cahors, Mende, Castres, Rodez et Vabres. Supprimée en 1793 et réunie au diocèse de Montpellier, la province fut reconstituée en 1822, avec les sièges de : Alby, Cahors, Mende, Perpignan, Rodez.

ALBY.

Albiga, Albia, Civitas Albiensium.

NOTICE. — Un siège épiscopal fut établi à Alby de la fin du IIIe au commencement du IVe siècle. Il ressortit à la province de Bourges jusqu'à la fin de XVIIe siècle, époque à laquelle il fut érigé en métropolitain. La révolution ayant supprimé cet évêché, le chapitre ne fut reconstitué qu'en 1823, date de la nouvelle érection de cette métropole. Il fut réorganisé par Monseigneur Charles Brault, sur les bases générales du Concordat de 1817.

Le patron est: SAINTE CÉCILE.

COSTUME CANONIAL. — Tel qu'il est porté présentement, l'habit de chœur des chanoines fut donné par Monseigneur de Jerphanion. On l'inaugura le saint jour de Pâques, de l'année 1863. Il se compose : 1° d'un *Rochet* fort long, avec une dentelle qui doit mesurer 60 centimètres de hauteur, et parements de même genre sans transparent ; 2° d'une *Mozette* noire en drap pour l'hiver, et en soie pour l'été, doublée de soie cramoisie, avec boutons, boutonnières et liséré en point de chaînette sur les coutures, de même couleur. Tout autour de ce vêtement et des boutonnières, une fourrure blanche ayant trois centimètres de largeur ; 3° de la *Barrette* noire, doublée de soie rouge avec gance pareille sur les coutures ; 4° d'une *Croix pectorale* octangulaire, vermeil et émail. Cet insigne, orné d'un médaillon central, porte, sur une face, l'image de sainte Cécile, patronne de la cathédrale d'Alby, et, de l'autre, l'effigie de Pie IX qui le concéda par bref du 11 juin 1862. Les jours de fêtes solennelles on la porte suspendue à un ruban de soie rouge à lisérés bleus, ayant 7 centimètres de large ; les autres jours ce ruban est de moindre dimension. — Seuls les chanoines titulaires usent de cet insigne.

ARMOIRIES ET SCEAU. — Le scel capitulaire est ovale, et porte cette inscription : SIGILLUM CAPITULI INSIGNIS ECCLESIÆ ALBIENSIS. Au centre, un écu : *De gueules, chargé d'une croix pattée d'argent, ornée de pierreries.*

CAHORS.

Cadurcum.

NOTICE. — Ce siège date du III° siècle. Il fut suffragant de la métropole d'Alby depuis le jour de la constitution de cette province, et il en fit partie jusqu'en 1802. Lorsque cette métropole fut supprimée, c'est-à-dire jusqu'à l'année 1822, le siège de Cahors était suffragant de Toulouse. Depuis cette époque, il est rentré dans la juridiction métropolitaine sous laquelle il vit aujourd'hui. Au milieu de toutes ces agitations, le chapitre a toujours existé.

Il a pour patron : SAINT ÉTIENNE, 1er martyr.

COSTUME CANONIAL. — Certaines parties de l'habit de chœur de ce chapitre datent des temps anciens ; quelques autres sont de récente concession. Ainsi, par indult du 2 mars 1877, a été accordé : 1° le *Rochet* brodé. A la réorganisation des chapitres qui suivit le rétablissement du culte, fut adoptée : 2° la *Mozette* portée présentement ; elle est noire, en drap pour l'hiver, et en soie pour l'été, avec doublure, boutons, boutonnières, passe-poils sur les coutures en soie couleur cerise ; 3° l'*Aumusse* en petit gris, portée sur le bras gauche, reste typique de l'ancien costume ; 4° une *Croix pectorale*, accordée par indult du 30 juillet 1867. Cette croix, genre de la légion d'honneur, est en émail blanc liséré de bleu pour les branches, et en émail bleu liséré d'or et de noir pour le médaillon. Sur ce médaillon on voit, à l'endroit, le buste de Pie IX, et, à l'envers, celui de saint Étienne 1ᵉʳ martyr, patron de la cathédrale. Deux palmes relient les branches entre elles, et la croix est surmontée de la tiare et de deux clés. Cet insigne est suspendu à un ruban rouge, les jours de fête, à un gros cordonnet de même couleur, les jours de semaine ; 5° la *Barrette*, généralement à quatre cornes, est noire, gancée et doublée de soie cerise.

Nota. — Les chanoines honoraires portent aussi le rochet à guipure et l'aumusse.

SCEAU CAPITULAIRE. — De forme ovale, autour duquel on lit : SIGILLUM CAPITULI ECCLESIÆ CATHEDRALIS DIŒCESIS CADUR-CENSIS. Dans un cartouche à volutes et pendantifs : *D'azur, à un pont à cinq arches en chevron, maçonné de sable, surmonté de trois tours d'argent, ajourées et donjonnées.* Ces armes, qui sont aussi celles de la cité, rappellent que dans la division de la mense épiscopale l'évêque laissait au chapitre le péage du vieux pont de la ville.

MENDE.

Mimatum.

NOTICE. — Le siège épiscopal ne fut établi à Mende que vers l'an 1000. Jusqu'à cette époque, évêque et chapitre résidaient *in civitate Gabalorum*, dont la position ne peut être fixée d'une manière certaine. Selon l'opinion la plus probable la cité des Gabali était à Jabouls, petit bourg situé à quatre lieues de Mende. On désignait ce chef-lieu ecclésiastique sous le nom de *episcopatus Gabalitanus*, l'évêché de Gévaudan. Une fois porté à Mende le siège y fut maintenu jusqu'à la grande révolution et relevait de la province d'Alby. Le remaniement entraîné par le concordat de 1802 fit passer ce diocèse dans les limites de la province de Lyon, et le chapitre fut reconstitué par Monseigneur Chabot. Lorsque l'archidiocèse d'Alby fut rétabli en 1822, Mende fut rendu à son ancienne métropole.

Le chapitre a pour patron : NOTRE-DAME et S. PRIVAT.

COSTUME CANONIAL. — L'habit canonial ne paraît pas avoir été modifié depuis la restauration du culte, sauf la croix pectorale, qui est de date toute récente. Messieurs les chanoines portent : 1° *Rochet* brodé en guipure aux fêtes de 1re et de 2e classe, il est simple pour les autres jours ; 2° *Camail* avec lisérés de soie rouge, en drap, du premier novembre à Pâques, en soie, de Pâques à la Toussaint ; 3° *Croix pectorale* en argent et émail bleu en forme de croix de Malte, surmontée d'un écusson avec clefs et tiare. Au centre de cette décoration, sur la face principale, d'une part l'image de la Sainte-Vierge, d'autre part saint Privat qui sont les patron et titulaire de la cathédrale ; inscription : *Sanctus Privatus*. Sur le médail-

lon du revers, les armes du pape Urbain V et celles de
Léon XIII qui a doté les chanoines de cet insigne.

ARMES ET SCEAU. — Les armoiries capitulaires sont :
De gueules, à cinq pals d'or. Le sceau porte les armes
avec cette inscription : CAPITULUM MIMATENSE.

PERPIGNAN.

Perpinianum, Elna, Helena.

NOTICE. — Siège épiscopal et chapitre ne furent établis
à Perpignan qu'en 1602. Jusqu'à cette époque leur résidence était à Elne qui eut un évêché vers le milieu du VIᵉ
siècle, et releva de la métropole de Narbonne jusqu'au
XVIᵉ siècle. En 1511 le pape Jules II le déclara soumis
immédiatement au Saint-Siège. Léon X le rendit en 1517
à sa première métropole, et le concile de Trente l'attacha
à la province espagnole de Tarragone. Mais depuis le
traité des Pyrénées (1661), le Roussillon ayant été réuni à
la France, ce diocèse fut de nouveau suffragant de Narbonne et y resta jusqu'en 1790. Supprimé en 1802 pour
faire partie du diocèse de Carcassonne, il fut rétabli en
1822 et placé dans la métropole d'Alby. Le chapitre suivit
toutes ces fluctuations.

Il a pour patron : S. JEAN BAPTISTE.

COSTUME CANONIAL. — Il n'a été régularisé et dûment
porté que depuis un bref du pape Léon XIII, daté du 18
mars 1879, à la demande de Monseigneur Caraguel. Les
chanoines portent : 1° le *Rochet* brodé avec transparent
noir aux parements des manches ; 2° pendant l'Avent et le
Carême, la *Mozette* noire avec piqûres rouges ; 3° du premier dimanche d'octobre jusqu'au jour de la Pentecôte, la
Cappa de laine violette, et par dessus la *Mozette* de
même couleur ; 4° depuis la Pentecôte jusqu'au premier

dimanche d'octobre, la *Mozette* violette sur le rochet, sans *Cappa*, à cause de la température du pays. — Le violet ne se porte pas hors de la cathédrale ; et alors les chanoines titulaires ne sont distingués des honoraires que par la croix qui n'est pas concédée à ces derniers. — 5° une *Croix pectorale*, forme de Malte, émail blanc, encadrée d'or sur fond couleur brique ; dans l'intervalle des bras, rayons or ; au centre un médaillon représentant, d'un côté, saint-Jean Baptiste, patron de la cathédrale, et, de l'autre, Pie IX. Le ruban qui sert à la suspendre est rouge avec lisérés jaunes.

Nota. — Avant 1879 *Mozette* et *Cappa* étaient bordées d'hermine ; la *Cappa* actuelle est une toge sans manches et à grande queue. Messieurs les vicaires généraux sont autorisés à porter la *Mantelleta* violette avec le Rochet brodé, comme les évêques dans les cérémonies de la chapelle Sixtine.

Sceau. — Deux vierges martyres en pied, palme à la main ; qui sont sainte Eulalie et sainte Julie, patronnes de l'ancienne cathédrale d'Elne. En exergue circulaire : Sigillum capituli Elnensis. Tandis que le chapitre a conservé les patrons du diocèse primitif, la ville de Perpignan a aussi dans ses armoiries un saint Jean-Baptiste croix en main, brochant sur un fond palé d'or et de gueules de neuf pièces.

RODEZ ET VABRES.

Ruthenæ ; Vabrense castrum.

Notice. — On fait remonter la fondation du siège épiscopal de Rodez à la fin du IV° ou du V° siècle. Au début du VI° siècle on détacha de cet évêché le pays de l'Arzat (*Arisitum*) pour y ériger un siège épiscopal ; mais supprimé en 670, il fut réintégré à celui de Rodez. Quant à Vabres un évêché y fut établi en 1317 au préjudice de celui de Rodez dont il était démembré ; mais il disparut en 1790. Celui de Rodez disparut aussi et fut uni à celui de Cahors par la règlementation de 1802. Tel il resta jusqu'en 1822, époque à laquelle l'évêché fut rendu au Rouergue avec résidence à Rodez et adjonction de Vabres qui en avait été distrait. Le chapitre fut rétabli par Monseigneur Ramond de la Lande.

Il a pour patron : NOTRE-DAME.

COSTUME CANONIAL. — On lit dans le règlement du chapitre de Rodez, (tit. V *De l'habit des chanoines*, art. 1). « L'habit des Chanoines consiste dans la soutane noire, le rochet à manches sans dentelles ni garniture, la mozette noire doublée de soie cramoisie avec boutons et liseré de même couleur, et le bonnet carré. » Voilà le droit, voici le fait. 1° *Rochet* simple avec petite dentelle aux manches pour les jours ordinaires ; en guipure ou tulle brodé, pour le costume festival. 2° *Mozette* noire, en drap l'hiver, en soie brochée pour l'été. Ce vêtement est doublé de rouge cardinal, avec boutons et lisérés de même couleur ; les anciens chanoines l'ont rouge cramoisi. 3° En hiver la *Mantelleta* qui leur a été obtenue, il y a une dizaine d'années, par Monseigneur Bourret dans un de ses voyages *ad Limina Apostolorum*. 4° *Cappa magna*, concédée à la même époque, mais dont on n'a pas encore fait usage. 5° *Barrette* noire. 6° *Croix pectorale* en vermeil, avec médaillon ovale au milieu. D'un côté, cet insigne porte au centre l'Immaculée romaine, or sur émail bleu avec cet exergue tout au tour : O MARIA SINE LABE CONCEPTA ORA PRO NOBIS. Sur l'autre face, le portrait de Pie IX, or sur émail bleu, et cette légende : PIUS NONUS 1854. Elle est suspendue à un cordon de soie bleu et blanc quand on la porte sur le costume simple ; sur l'habit festival on l'attache à un ruban bleu liséré de blanc avec petite bordure bleue, le tout de 5 à 6 centimètres de large. Cette décoration fut obtenue par Monseigneur Delalle en 1854.

ARMES ET SCEAU. — Ce chapitre a pour armoiries : *De gueules, à la Vierge droite, portant l'Enfant Jésus, avec carnations naturelles.* — Le sceau a été changé à différentes époques ; présentement on use de celui qui était en usage dès 1842 ; forme ronde, avec cette inscription tout autour : CAPITULUM ECCLESIÆ CATHEDRALIS RUTHENENSIS ; au centre Vierge nimbée, les mains jointes, portée sur un arc de nuages. Cette figure est entourée de deux branches de laurier fruittées et liées à leur base.

PROVINCE D'ALGER.

Alger est le centre de la plus récente de nos provinces ecclésiastiques. Elle fut formée en 1867 par l'érection d'Alger en archevêché, à la date du 9 janvier. Les sièges suffragants de ce ressort sont: Constantine et Oran, auxquels sièges nous joignons l'archevêché de Carthage pour avoir dans un même chapitre toute notre colonie africaine, qui relève du cardinal-archevêque d'Alger : Alger, Constantine, Oran, Carthage.

ALGER.

Icosium, Julia Cæsarea.

Notice. — Fondé comme évêché au ii⁰ siècle, le siège d'Alger fut rétabli le 9 août 1838, et érigé en archevêché le 9 janvier 1867. Le Saint-Père lui a uni le titre de *Julia Cæsarea.* Le chapitre y fut établi par Monseigneur Pavy. — Dans la bulle de fondation du diocése d'Alger, il n'était pas fait mention de chapitre cathédral, comme c'est formellement spécifié dans les actes pontificaux concernant le rétablissement des divers sièges épiscopaux. Néanmoins en 1839, déjà trois chanoines avaient une dotation. Au moment où Monseigneur Dupuch donnait sa démission, en 1845, le prélat écrivait à S. S. Grégoire XVI : « La cathédrale d'Alger a un Chapitre composé seulement de six chanoines, en comprenant dans ce nombre les trois vicaires-généraux de l'évêque et l'archiprêtre. » C'était là une ombre de chapitre ; et la preuve, c'est qu'à la vacance du siège, en 1846, les membres susdits ne nommèrent pas de vicaire capitulaire, et que Monseigneur Pavy, dans sa lettre de prise de possession ne fait pas mention du chapitre. C'est cet évêque qui le constitua définitivement. Il fut d'abord composé de six chanoines ; après 1848 le nombre en fut porté à huit, ainsi que nous le voyons de nos jours.

Il a pour patron : SAINT PHILIPPE.

COSTUME CANONIAL. — L'habit de chœur de Messieurs les chanoines est le même en été et en hiver. Il se compose : 1° d'un *Rochet* simple pour les jours ordinaires, et à guipure dans les solennités ; 2° la *Mozette* en soie noire, doublée de soie couleur amarante, et bordée d'hermine blanche ; 3° *Croix pectorale* en vermeil, portant au centre, sur la face principale, l'image de la Sainte-Vierge (Assomption) avec cette devise circulaire : PIUS PP. IX INSTITUIT. MDCCCLXVII. Sur l'autre côté est l'image de saint Philippe, patron de la cathédrale, avec cette inscription : CAROLUS. M. A. LAVIGERIE. PRIMUS. ALGER. ARCHIEP. IMPETR. Cet insigne est suspendu au cou à l'aide d'un ruban de soie rouge.

SCEAU CAPITULAIRE. — De forme ovale, le sceau du chapitre porte un saint Philippe vêtu d'une toge, porté sur des nuages, nimbé, et tenant à la droite une palme, insigne de son martyre, et à la gauche l'instrument de son supplice. L'inscription circulaire est ainsi divisée et composée : dans le haut, entre deux fleurons : SANCTI PHILIPPI ; et de gauche à droite, dans le sens du haut en bas : CATHEDRALIS ALGERIENSIS CAPITULUM ECCLESIÆ.

CONSTANTINE ET HIPPONE.

Cirta, Cirta Julia ; *Hippo regius.*

NOTICE. — Nous n'avons pas à nous occuper de ces
sièges épiscopaux pour la période qui précéda l'adjonction
de l'Algérie à la France. Ces deux illustres cités africaines
eurent des évêques au II° siècle de l'ère chrétienne, et
Hippone fut le berceau des chapitres cathédraux. — Le
siège épiscopal n'a été rétabli à Constantine que le 25
juillet 1866, après les bulles apostoliques de l'année précé-
dente. Un bref daté de 1867 unit à ce siège le titre d'Hippone. Le 10 février 1868 le chapitre fut fondé par Monseigneur LAS CASES ; il ne se compose que de quatre chanoines titulaires.

La patronne est : NOTRE-DAME DES SEPT DOULEURS.

COSTUME CANONIAL. — Messieurs les chanoines sont dotés
pour leur habit de chœur, qui est semblable en été et hiver
de : 1° *Rochet* avec tulle brodé ; 2° *Mozette* en soie noire,
doublée, bordée et boutonnée de soie amarante, boutons
noirs ; portant deux bandes d'hermine mouchetée qui
partent du petit capuchon, descendent jusqu'au bas et encadrent deux bandes de moire rouge qui se boutonnent
au milieu. Sur le côté gauche dans la partie noire, à quelques centimètres de l'hermine, est appliquée une croix en
ruban rouge ; 3° *Barrette* noire doublée, bordée et pom-
ponnée rouge amarante ; 4° *Croix pectorale* émail blanc
cerclé d'or, portant dans un médaillon central dont les
pointes qui garnissent les vides des quatre branches sont
en émail rouge, à la face principale un saint Augustin
crossé, mitré, tenant un cœur dans la main droite, accompagné à dextre d'un palmier, et à senestre d'un navire
flottant sur la mer, tout autour cette légende : PIUS P. IX

INSTITUIT MDCCCLXXV. Le revers, qui est en émail bleu, porte le monogramme du Christ, et dans une inscription circulaire : J. J. LUD. ROBERT EP. CONSTANTIN. ET HIPPON. IMPETRAVIT. Cette croix, dont l'anneau est attaché à une tiare supportée par deux clés posées en sautoir, se suspend au cou à l'aide d'un ruban de moire violette, liserée de blanc.

N. B. — Le chapitre ne possède ni scel ni armes.

ORAN.

Orensis, Oriensis, Auriensis, Oranensis.

NOTICE. — Comme à Constantine le siège épiscopal n'a été rétabli qu'en 1866, avec dépendance de la métropole d'Alger. Les chanoines titulaires ne sont qu'au nombre de quatre; et un décret du 8 mai 1877 unit la succursale au chapitre. Monseigneur Vigne établit et installa les premiers chanoines de cette église en 1877, et leur donna l'habit de chœur dont suit la description.

Le patron est: SAINT LOUIS.

COSTUME CANONIAL. — Il se compose de : 1° *Rochet* à guipure; 2° *Mozette* en soie noire avec passe-poils soie rouge sur les coutures ; sur le devant deux bandes de moire rouge formant plastron dans toute la longueur et fermées par des boutons noirs; une bande d'hermine mouchetée accompagne ce plastron de chaque côté et borde tout le tour: plus une croix en ruban rouge liserée de blanc est cousue sur le côté gauche dans la partie d'étoffe noire ; 3° *Croix pectorale* émail blanc cerclé d'or, forme de Malte, échancrée et à rayons dans le centre; sur le médaillon central, qui est en émail bleu, est représentée d'un côté l'Immaculée de Rome, avec ces mots : A CRUCE PER MARIAM VICTORIA ; de l'autre, un saint Louis, patron de la cathédrale, avec cette inscription : CAPITULUM ECCLESIÆ ORANENSIS ; (ces deux exergues sont cloisonnées sur l'émail blanc). Le ruban qui sert à suspendre cet insigne est en moire bleue liserée de blanc.

SCEAU CAPITULAIRE. — Le chapitre porte dans son scel : *D'hermine, à la croix patée d'or, cantonnée au 1er d'un buste de la Sainte-Vierge.* L'écu est sommé d'une couronne composée de neuf têtes de lances ; au-dessus, dans une banderolle flottant vers le haut, la devise : A CRUCE PER MARIAM VICTORIA.

CARTHAGE.

Carthago Tuniensis.

Nous plaçons cette Église, de création nouvelle, dans la province Algérienne, quoique le siège de Carthage soit métropolitain ; mais nous aurons ainsi groupé toute la colonie ecclésiastique africaine. — A l'appellation latine *Carthago*, nous avons cru devoir joindre le qualificatif *Tuniensis* (*Tunitanus, Tunetensis, Tunciensis, Tunefitanus*), tout autant d'appellations qui rappellent la régence de Tunis, dont la métropole ecclésiastique est à Carthage, et qui distinguent ce siège archiépiscopal de ceux de Murcie (*Carthago nova* ou *Spartaria*), et de la Nouvelle-Grenade dans l'Amérique du Sud (*Carthagena, Castella-Aurifera*).

NOTICE. — Dès les premiers siècles la ville de Carthage fut le centre de la métropole de l'Afrique proconsulaire ; elle eut plusieurs suffragants, entre autres Tunis qui avait un évêque au ve siècle. Par les soins de S. E. le cardinal Lavigerie, l'Église de Carthage a été reconstituée avec titre d'archevêché. Le chapitre archiépiscopal lui doit aussi son rétablissement par ordonnance du 9 août

1885. Il se compose, comme dans les basiliques de Rome, de chanoines-prêtres, de chanoines-diacres, et de chanoines sous-diacres, lesquels sont néanmoins indistinctement honorés du sacerdoce. Le nombre des chanoines est provisoirement fixé à vingt ; il pourra être augmenté par la création de nouvelles prébendes.

COSTUME CANONIAL. — Messieurs les chanoines de Carthage portent : 1° la *Soutane* violette ; 2° le *Rochet* brodé ; 3° un *Camail* de soie aussi violette ; 4° une *Croix pectorale* émaillée, à huit pointes, avec médaillon double au centre, portant d'un côté l'image de saint Cyprien, et, de l'autre, ces paroles du pape Léon IX : PRIMUS POST ROMANUM PONTIFICEM ARCHIEPISCOPUS MAXIMUS AFRICÆ METROPOLITANUS. Autour du médaillon est gravée, d'une part, cette légende : LEO PP. DECIMUS TERTIUS INSTITUIT, et d'autre part : CAROLUS CARDINALIS LAVIGERIE IMPETRAVIT.

Lorsque le chapitre en corps assiste l'archevêque pour un office pontifical solennel et quand il est paré, comme le prescrit le Cérémonial des évêques, les chanoines portent la mitre en drap d'argent bordé d'or. Par bref pontifical, les chanoines titulaires ont le titre de « Monseigneur ». — En dehors du chœur et de l'église le costume de ces Messieurs se compose d'une soutane noire à boutons violets avec frange violette à la ceinture, au chapeau et au manteau de visite.

SCEAU. — Ce chapitre n'a encore adopté ni armes ni scel capitulaires.

IV

PROVINCE D'AUCH.

L'érection d'Auch en métropole ecclésiastique date du milieu du IXᵉ siècle. Lorsque vers 829 son siège épiscopal fut fondé, il ressortait à la province d'Eause. Mais cette ville ayant été ruinée par les Sarrasins d'Espagne, vers l'an 720, les archevêques de Bordeaux en devinrent et demeurèrent les métropolitains jusqu'à la constitution du siège d'Auch en archevêché. Celui-ci eut dans sa suffragance les évêchés de Dax, Lectoure, Comminges, Couserans, Aire, Bazas, Tarbes, Oleron, Lescar et Bayonne. Alors les archevêques étaient primats de Novempopulanie et de Navarre. Avec les événements de 1790 Auch redevint simple évêché du ressort de l'arrondissement du Sud, dont Toulouse était métropole. En 1802 suppression complète de ce diocèse qui fut incorporé à celui d'Agen. Le nouveau concordat de 1823 rétablit cette province ecclésiastique telle qu'elle est composée aujourd'hui : Auch, Aire, Bayonne, Tarbes.

AUCH.

Auscia, Augusta Auscorum.

Notice. — Dans la notice sur la province dont Auch est la métropole, on vient de lire les vicissitudes par lesquelles est passé le siège épiscopal. Le chapitre, tantôt cathédral, tantôt métropolitain, subit le même sort ; et depuis 1823 seulement il est constitué tel qu'on le voit présentement. Il fut rétabli par Monseigneur de Morlhon.

Le patron est : Notre-Dame (Nativité).

Costume canonial. — Avec 1° le *Rochet* sans guipures, et revers sans transparent, Messieurs les chanoines d'Auch sont dotés de deux sortes de *Camails* ; 2° Un *simple,* pour les jours de deuil, en tout semblable à celui qui fut donné aux chapitres après la restauration du culte, c'est-à-dire noir doublé, boutonné et liseré de soie rouge ; 3° le second, *riche*, pour les jours de fêtes. Celui-ci porte tout autour une bordure d'hermine, et deux bandes de même fourrure descendant sur le devant, encadrant deux bandes de moire violette qui se réunissent sur le point où sont placés les boutons ; un point de chaînette en soie rouge trace les piqures. Ce costume donné par Monseigneur de La Croix, sans l'approbation de Rome, fut autorisé sous l'épiscopat de Monseigneur de Langalerie ; 4° *Croix pectorale* concédée par Léon XIII le 21 janvier 1879 et inaugurée à la Toussaint suivante. Elle est forme de Malte en cuivre doré émaillé de bleu par bandes et échancrée ; dans l'intervalle des branches, un petit fleuron central forme ronde, fond or, une Immaculée de Rome couronnée et en même métal ; sur l'autre côté l'effigie du donateur. Autour de ce portrait, on lit en lettres d'or, sur émail blanc : Leo Papa XIII ; l'inscription du premier côté est : Capitulum Auscitanum. Elle est suspendue à un large ruban de couleur jaune bordé de blanc.

Sceau capitulaire. — Il ne s'emploie que pendant la vacance du siège. Il porte une Sainte-Vierge debout et les mains étendues vers le monde qui est sous ses pieds. Tout autour on lit : Capitul. eccles. metrop. auscor. (Sede vacante).

AIRE.

Aturum, Atura, Adura.

NOTICE. — L'origine de cet évêché paraît remonter à la fin du IVᵉ siècle ; néanmoins on ne connaît pas d'évêque avant l'an 506 ; le premier que signalent les chronologies était Marcel. Évêché et chapitre subsistèrent jusqu'à la suppression qui fut faite en 1790. Alors ce diocèse fut réuni à celui de Bayonne. Rétabli en 1823, le siège reprit tous ses droits et eut de nouveau son corps canonial. Il fut réinstallé par Monseigneur Lepape de Trévern.

Son patron est : NOTRE-DAME.

COSTUME CANONIAL. — L'habit choral de ces chanoines est le même pour l'été que pour l'hiver, aux jours ordinaires et aux solennités. Il se compose : 1° du *Rochet* simple ; 2° du *Camail* ordinaire à forme ronde, en grenadine, doublé de soie rouge et couvert d'hermine ; 3° d'une *Croix pectorale* genre de Malte, ayant d'un côté l'effigie de Pie IX, et de l'autre Notre-Dame de Buglose avec saint Vincent de Paul à genoux aux pieds de la Madone. Les inscriptions : PIUS IX. PONT. MAXIMUS, placées du côté de l'image de ce pape, et : CAPIT. ATUR. PIUS IX, 1864, servent à rappeler l'époque de la concession de cet insigne et le nom du donateur. On suspend cette croix à un cordon en torsade à filets bleus et or.

SCEAU CAPITULAIRE. — Depuis de longues années le sceau a été perdu ; d'anciens souvenirs rappellent qu'il portait un saint Jean-Baptiste, patron de ce chapitre.

BAYONNE.

Lapurdum, Baiona, Bajona.

NOTICE. — On ne trouve point d'évêque dont l'épiscopat soit certain sur le siège de Bayonne avant celui d'Arsias Racha, en 980. Quelques auteurs cependant portent l'origine de ce siège épiscopal au IVᵉ siècle. Jusqu'au Xᵉ siècle cet évêché faisait partie du diocèse de Dax. Supprimé en 1790, rétabli en 1802 comme suffragant de Toulouse, ce siège est passé depuis 1823 à son ancienne métropole d'Auch. Le chapitre fut reconstitué au rétablissement de 1802 par Monseigneur Jean-Jacques Loison, et à cette époque on augmenta le diosèse des anciens diocèses de Lescar, (*Lascurra*) et d'Oloron (*Eloro*).

Le chapitre a pour patron : NOTRE-DAME.

COSTUME CANONIAL. — L'habit de chœur en usage dans ce chapitre est : 1° avec le *Rochet*, sans guipures, 2° simple *Mozette* noire avec lisérés rouges, en drap pour l'hiver, en soie pour l'été. Il n'y a pas eu de modification dans ce costume depuis la restauration du chapitre.

SCEAU CAPITULAIRE. — Les pièces délivrées par le chapitre sont scellées d'un sceau représentant une Vierge-Mère assise et tenant l'enfant Jésus dans ses bras ; l'église cathédrale est dédiée à Notre-Dame.

TARBES ET LOURDES.

Tarbæ, Tarba.

NOTICE. — Évêché érigé dans le IVᵉ siècle. Au moyen-âge il était souvent désigné sous le nom d'évêché de Bigorre (*civitas Bigorrensis*). De la province d'Auch dont il dépendait, il fut placé en 1790 dans celle du Sud, qui avait Toulouse pour métropole. La réforme opérée en 1802

réunit ce siège à celui de Bayonne. Rétabli comme évêché
au concordat de 1823, il fut rendu à sa première métropole aussi réérigée. La restauration du chapitre tel qu'il
est aujourd'hui, remonte à cette dernière date, sous
l'épiscopat de Monseigneur de Neyrac. Depuis quelques
années, vu la célébrité du sanctuaire miraculeux, les
évêques ont été autorisés à unir au titre de leur siège
épiscopal celui de Lourdes.

Il a pour patron : Notre-Dame (Nativité).

Costume canonial. — Messieurs les chanoines portent
indistinctement le même costume de chœur en été et en
hiver, aux jours simples comme aux grandes solennités.
Ils ont: 1° *Rochet* sans dentelle ; 2° *Mozette* en faille noire
avec passe-poil rouge sur les coutures latérales, au milieu
du dos et sur toutes les bordures, boutons et boutonnières de même nuance ; 3° *Croix pectorale* qui se suspend
à un large ruban liseré de blanc. Cet insigne, obtenu du
Saint-Père en 1874 par Monseigneur Langénieux, est forme
de Malte échancrée, à huit pointes terminées par des
perles en argent doré. Le fond est en émail blanc cerclé
d'or. Au centre un médaillon rond, émail bleu lazuli, portant sur la face principale en vermeil une Notre Dame de
Lourdes, entourée de l'exergue : Je suis l'Immaculée Conception MDCCCLXXIV. Sur la face du revers le portrait de
Pie ix, même métal, avec l'inscription : Ben. Maria. Ep.
impetr. Pius ix concessit. Entre les bras de la croix des
pointes ciselées.

Armes. — Depuis la révolution le chapitre use d'un
sceau représentant une Vierge assise, tenant l'enfant Jésus
sur ses genoux, le tout informe. Ses anciennes armes étaient:
*D'azur, à la Vierge d'argent couronnée, debout, sup-
portant sur le bras gauche l'enfant Jésus d'argent, tenant
une rose d'or accompagnée de deux feuilles.* La Vierge
écrase sous ses pieds un serpent.

V

PROVINCE D'AVIGNON.

La première institution de la province d'Avignon remonte à l'année 1475. Etaient alors dans son ressort les évêchés de Carpentras, Vaisson et Cavaillon, qui avaient été détachés de la province d'Arles. Telle qu'elle est composée de nos jours, elle date du rétablissement opéré en 1822. Les sièges sont : Avignon, Montpellier, Nîmes, Valence, Viviers.

AVIGNON.

Avenio.

Notice. — Par bulle du pape Sixte IV, datée du 21 novembre 1475, le siège d'Avignon fut érigé en métropole. Il y avait eu trois évêques avant l'an 356, saint Ruf, saint Just et saint Amace, ce qui fait que cette Église est réputée d'origine apostolique. Le chapitre métropolitain fut dissout en 1790 par la suppression du siège, qui fut alors annexé au diocèse de Nîmes avec tous ses suffragants. Le concordat de 1802 le rétablit en simple évêché, dépendant de la métropole d'Aix; mais en 1822 l'archevêché fut reconstitué, et les chanoines, rétablis dans l'archibasilique de Notre Dame des Doms, ont repris leurs titres et droits de métropolitains sous l'épiscopat de Monseigneur Morel de Mons.

Ce chapitre a pour patronne : Notre-Dame des Doms.

Costume canonial. — Il y a eu de tout temps un double costume, tant pour les chanoines titulaires qu'honoraires d'Avignon. — L'un pour la métropole (vel quando canonici incedunt capitulariter) et qui consiste en : 1° *Rochet* brodé ; 2° *Cappa* rouge, en laine, sans queue, avec capuce et bordures en soie rouge, pendant l'été ; pour l'hiver la soie est remplacée par l'hermine blanche. — Hors de la métropole ; 3° *Rochet* uni ; 4° *Camail* de soie noire, doublé de rouge avec boutons et passementeries rouges et bordé d'hermine ; 5° une *Croix* forme latine, avec gloire au milieu de laquelle se trouve sur une face l'Immaculée, et de l'autre le Souverain Pontife. Cet insigne est suspendu à un ruban de soie bleu et blanc. — Ce costume splendide a été concédé en souvenir de la résidence de la cour des papes à Avignon.

Sceau. — Sous le chapeau épiscopal à trois rangs de houppes, posées 1, 2, 3, une basilique, forme tour maçonnée à coupe de grandes pierres, avec coupole donjonnée et sur...onté d'une croix tréflée. On lit autour : Archibasilica Avenionensis metropolitana. La devise est : Abundantia in turribus.

MONTPELLIER.

Monspelium, Mons Pessulanus, Mons Pessulus.

Notice. — Le siège épiscopal, entraînant avec lui la présence d'un chapitre, ne fut porté à Montpellier que le 27 mars 1536. Jusque là, la résidence était à Maguelone, (*Magalona*) où existait un évêché dépendant de la métropole de Narbonne depuis la fin du VIᵉ siècle. En 737 cette ville ayant été ruinée par les Sarrasins, l'évêque et le chapitre allèrent se réfugier à Substantion (*Sustantio*), petite localité voisine, et ils y demeurèrent pendant trois siècles.

Au milieu du XI° siècle l'évêque Arnaud I°ʳ, ayant relevé les ruines de Maguelone y reporta le siège et sa cathédrale. L'insalubrité les chassa de nouveau au XVI° siècle, et alors le pape Clément VII les transféra définitivement dans la ville qui les possède encore aujourd'hui. La constitution de 1790 supprima ce diocèse pour le réunir à celui de Béziers ; mais à la réorganisation de 1802, le siège fut réérigé et placé dans la métropole de Toulouse ; depuis 1822 il dépend de celle d'Avignon.

Pour patron : Saint Pierre.

Costume canonial. — Tel qu'ils le portent présentement, l'habit de chœur des chanoines fut concédé par indult de l'année 1849, durant l'épiscopat de Monseigneur Thibault. En semaine : 1° *Rochet* simple, et 2° *Camail* noir ordinaire, avec boutons, boutonnières et passe-poil soie rouge ; ce costume est aussi celui des chanoines honoraires. Les dimanches et jours de fêtes : 3° *Rochet* à guipure avec transparent violet aux manches ; 4° en été : *Mozette* en moire violette ; 5° en hiver : *Manteau* long de mérinos violet décoré sur le devant de bandes de petit gris, avec traîne qui est relevée sur le côté gauche à l'aide d'un cordon ; des ouvertures sont pratiquées pour le passage des bras, il est fixé au collet et à la ceinture par de petits rubans ; 6° par dessus ce manteau, *Mozette* violette de même étoffe et garnie tout autour de fourrure pareille ; 7° *Croix* forme étoile, en émail cerclé d'or, avec rayons entre les pointes. Elle porte au centre un médaillon fond rouge en or, représentant sur une face Urbain V, avec cette inscription qui rappelle la construction de la cathédrale : Urbanus PP. V. ædificari curavit ; sur l'autre face Pie IX qui l'a érigée en basilique mineure : Pius PP. IX privilegiis auxit.

Nota. — Ce costume, moins la croix, a été concédé aux archiprêtres des anciennes cathédrales d'Agde, Lodève, Béziers et Saint-Pons.

Sceau capitulaire. — De forme légèrement ovale avec cette inscription : Capitulum eccl. cathed. Monspeliensis. Dans l'intérieur un dextrochère (main de saint Pierre), tenant les deux clés passées en sautoir.

NIMES, UZÈS ET ALAIS.

Nemausus ; Ucetia ; Alesia, Alestum.

Notice. — Ces trois sièges sont réunis avec résidence de l'évèque et du chapitre à Nîmes depuis 1821, sous l'épiscopat de Monseigneur de Chaffoy. Uzès avait eu des évèques en l'an 419, et les conserva avec toutes les prérogatives des chapitres cathédraux jusqu'à la révolution de 1790 qui supprima le siège. Quant à Alais ce ne fut qu'un démembrement du diocèse de Nîmes, opéré à la demande de Louis XIV en 1694, et érigé par bulle du 11 mai du pape Innocent XIII. Il disparut aussi en 1790. Nîmes eut un siège épiscopal vers la fin du IVe siècle, et tel il resta jusqu'à la désorganisation de la période révolutionnaire, qui le plaça dans la métropole d'Aix. Supprimé par le concordat de 1802, qui l'incorpora au diocèse d'Avignon, ce siège a été rétabli en 1821.

Il a pour patron : Notre-Dame.

Costume canonial. — Ce chapitre a un double habit de chœur ; l'un pour les solennités, l'autre pour la semaine. Le costume simple comporte : 1° *Rochet* qui peut être brodé ; 2° *Mozette* en soie noire, doublée de taffetas rouge avec boutons, lisérés et piqûres soie rouge ; 3° *Barrette* drap noir ; 4° *Croix pectorale* à quatre bras pleins, séparés par autant de fleurons ; au centre médaillon en émail bleu portant : sur une face l'Immaculée en argent avec cette inscription : Monstra te esse matrem ; sur l'autre côté, l'effigie de Pie IX et ces mots : Pius IX P. M. mdccclxv. Un large ruban de moire écarlate sert à suspendre cet insigne. Le costume solennel se compose avec la croix ci-dessus : 1° du *Rochet* brodé ; 2° d'un *Manteau* en mérinos violet, par dessus lequel : 3° une *Mozette* en soie rouge l'été, en fourrure blanche l'hiver, trousse de derrière en soie rouge, à toute saison.

ARMES. — Depuis 1096, époque où Raymond comte de Toulouse épousa la cathédrale de Nîmes, le chapitre porte : *D'argent, à la croix vidée, pommetée et cléchée de gueules*, qui est de Languedoc, en renversant les émaux et les couleurs.

VALENCE.

Valentia, Julia Valentia, Civitas Valentinorum.

NOTICE. — Le siège épiscopal de Valence remonte au moins à la seconde moitié du IV° siècle ; on y trouve l'évêque Émilien vers l'an 360. Il était suffragant de Vienne, et cette cité occupait le cinquième rang parmi celles de la Viennoise. La constitution de 1790 fit ressortir ce diocèse à Aix, métropole de l'arrondissement des Côtes de la Méditerranée. Au concordat de 1801, ce siège fut compris dans la province de Lyon ; enfin en 1821 il dépendit de la métropole d'Avignon. C'est alors que Monseigneur de la Rivoire de la Tourette reconstitua le chapitre.

Il a pour patron : SAINT APOLLINAIRE.

COSTUME CANONIAL. — Quoique abandonnant la province de Lyon, les chanoines conservèrent le costume porté par les métropolitains de l'église de saint Pothin. (Voir la description à l'article concernant le chapitre de Lyon.) Dans cette église il y a : 1° le *Rochet* brodé pour les solennités, et le *Rochet* uni aux jours simples ; 2° la *Barrette* est aussi à quatre cornes en velours et houppe noire, gance ponceau ; 3° *Croix pectorale*, qui a été accordée par Pie IX, suspendue à un ruban vert, liseré de blanc ; elle a quatre branches forme grecque, émail vert, avec un médaillon central, portant d'un côté les armes du Pontife qui a concédé cet insigne, et cette devise : Ex munificentia Pii P. M. ; sur l'autre face, l'effigie de Pie VI mort à Valence, avec cette inscription : Pius VI Pontifex maximus. — Les chanoines honoraires n'ont pas droit à cet insigne.

Armes. — *D'azur, à la croix d'argent.* La ville de Valence porte aussi : *Croix d'argent sur gueules, chargée en abîme d'un tour d'azur.*

VIVIERS.

Vivarium.

Notice. — Le siège épiscopal fut porté à Viviers dans la première partie du V° siècle par l'évêque saint Auxone. Auparavant il était établi à Albe, (*Alba, civitas Albensium*). Suffragant de Vienne depuis son origine, il passa dans la métropole de Lyon par la constitution de 1790. En 1802 cet évêché fut supprimé et incorporé au diocèse de Mende. Il a été rétabli en 1821 comme suffragant de la province d'Avignon. C'est à l'épiscopat de Monseigneur Molins (1823-1835) que remonte la réorganisation du chapitre cathédral.

Il a pour patron : Saint Vincent, diacre et martyr.

Costume canonial. — Depuis une dizaine d'années le costume choral de Messieurs du chapitre a été complété. Il se compose : 1° du *Rochet* brodé ; 2° de la *Mozette* en soie noire ou mérinos doublée de rouge et liserée sur les coutures de soie de cette dernière couleur. Cette partie du costume fut donnée lors du rétablissement du siège épiscopal en 1822 ; 3° en hiver la mozette est remplacée par la *Mantelleta* noire en

mérinos. Cet habit fut concédé avec : 4° la *Croix pectorale*
qui est en vermeil, genre Légion d'honneur, surmontée
d'une tiare et des clés pontificales. Dans les intervalles des
bras, rayons flamboyants ; au centre un médaillon portant
sur la face principale l'image de saint Vincent en buste,
tenant de la droite la palme, et de la gauche le livre des
évangiles appuyé sur la poitrine ; pour légende : SANCT. ET
INSG. ECCLES. VIVARIEN ☩ MDCCCLXXVII. Au revers la Sainte-
Vierge en buste couronnée, le Jésus sur le bras gauche,
et à la main droite un sceptre royal terminé par une fleur
de lis ; puis cette devise : MUNIFICENT. PH. IX. P. M. ☩ FIL.
J. M. F. BONNET.

SCEAU CAPITULAIRE. — Ovale gothique, portant le patron
saint Vincent en pied, revêtu de la tunicelle des diacres,
la tête nimbée, tenant de la droite les évangiles qui reposent sur sa poitrine. L'image est accostée à droite et à
gauche de l'inscription abrégée : S C S et VINS (*Sanctus
Vincentius*). Autour de la bordure et de droite à gauche
l'exergue : SIGILLUM CAPITULI VIVARIENSIS.

VI

PROVINCE DE BESANÇON.

———

Avant la constitution de 1790, la province de Besançon comprenait les évêchés de Belley, Lausanne et Bâle. Les changements amenés par la Révolution constituèrent cette église métropolitaine de l'arrondissement de l'Est avec les suffragances de Strasbourg, Saint-Dié, Langres, Dijon, Saint-Claude, Colmar et Vesoul. Par la réforme de 1802 cette province comprit Autun, Metz, Strasbourg, Nancy et Dijon. Enfin après une ordonnance de 1822, confirmée par une bulle du pape Pie VII, datée du 10 novembre, la province de Besançon embrassa Belley, Nancy, Saint-Dié, Metz et Strasbourg. Sauf ces deux derniers évêchés, passés à la Prusse après la guerre de 1870, c'est actuellement la même constitution pour la province ecclésiastique : Besançon, Belley, Nancy, Saint-Dié, Verdun.

BESANÇON.

Vesuntio.

NOTICE. — On peut, avec certitude, faire remonter l'origine de ce siège épiscopal au Ier siècle ; saint Ferréol l'occupait vers l'an 180. Il fut érigé en métropole dans le IVe siècle. Par le traité de Westphalie (1648) ce diocèse cessa de faire partie de l'Église de France pour passer sous la domination espagnole, dont il dépendit jusqu'à la conquête de la Franche-Comté par Louis XIV, en 1674. Depuis cette époque, malgré les modifications apportées en 1790 et 1802, le chapitre conserve les titres, distinctions et dignités dont nous allons parler.

Il a pour patrons : SAINT JEAN ET SAINT ETIENNE.

COSTUME CANONIAL. — Sous l'épiscopat de Messire Ferdinand de Rye (1586-1636) les doyens et chanoines représentèrent au pape que, dans les temps anciens, sept d'entre eux avaient porté la soutane rouge au chœur, et tous la soutane violette dans la ville ; qu'ils avaient abandonné ces habits pendant les guerres du XVᵉ siècle pour ôter un prétexte de critique aux hérétiques ; que leur dignité et prééminence dans le clergé du diocèse en souffrait, parce qu'ils n'étaient plus distingués, par leur habillement, des chanoines des églises collégiales ; que la leur cependant méritait des distinctions par son antiquité, le rang et la dignité de son archevêque ; que depuis plusieurs siècles elle était exempte de la juridiction ordinaire, et soumise uniquement à celle du Saint-Siège ; que les grands autels de leur cathédrale avaient été consacrés par Léon IX et Eugène III ; qu'ils avaient seuls le droit d'y célébrer, et le privilège de le faire revêtus des habits pontificaux, mitres dalmatiques et sandales, et que leur haut doyen, quand il y disait la messe, portait l'anneau.

Sur cet exposé, Paul V, par des bulles du 1ᵉʳ juillet 1609, accorda aux doyens et chanoines de Besançon le droit de reprendre l'habit violet dans le diocèse ; le *Rochet* et la *Cape* au chœur, comme les chanoines de Saint-Jean-de-Latran, auxquels fut demandé un modèle.

Le 25 août 1610 on délibéra de fourrer ces vêtements de peaux blanches, *mustellæ alpinæ*, et le 11 septembre de porter le manteau noir sur la soutane ou soutanelle violette. De là vient le droit qu'ont ces chanoines de porter le *rochet* et la *cape* fourrée de peaux blanches depuis la Toussaint jusqu'à Pâques, et doublée de taffetas cramoisi depuis Pâques jusqu'à la Toussaint ; et les soutanes et soutanelles violettes dans le diocèse, avec des parements, des boutons et des boutonnières rouges ; à l'exception du sous chantre, qui, n'étant pas chanoine prébendé, porte la *cape* fourrée de gris en hiver, et de violet en été, les parements, boutons et boutonnières de la soutane ou soutanelle violettes de même couleur (1).

Par brevet du 2 mars 1779, Louis XVI leur permit de porter une *Croix* d'or émaillée à huit pointes terminées par un bouton, ayant une fleur de lys dans chacun des quatre angles, avec un médaillon au milieu représentant d'un côté saint Jean l'Évangéliste et saint Étienne, plus cette légende : INSIGNE ILLUSTRIS ECCLESIÆ METROPOLITANÆ VESUNTINÆ ; et de l'autre côté saint Louis, avec cette autre légende : A REGE LUDOVICO XVI CONCESSUM. Cette croix était suspendue à un ruban violet moiré et liseré d'or (2).

Lors du rétablissement du culte en France, Monseigneur Claude Lecoz leur avait donné une *mozette* de soire noire doublée de soie rouge avec boutons et liséré de même couleur.

S. E. Monseigneur le Cardinal de Rohan-Chabot (1828-1832) leur donna deux habits : un pour l'hiver qui consistait en une mozette d'hermine doublée de soie violette avec retroussis de même, terminé par un capuce attaché de deux côtés par un ruban de moire violette qui venait se relier et retomber sur la poitrine. Celui d'hiver était une mozette de mérinos violet doublé en soie de même couleur avec un retroussis sans capuce, qui venait se rattacher près de l'épaule gauche. Vers 1840 S. E. le cardinal Mathieu compléta l'habit d'hiver en ajoutant à la mozette la cape de laine violette. Il donna aussi le costume d'été pour les dimanches et les solennités, qui est celui des évêques.

---

(1) DUNOD, *Histoire de l'Église de Besançon*, t. I, pages 326-327.
(2) Voir *Almanach de la Franche-Comté,* 1786, pages 17-18.

Depuis lors ce chapitre est doté de trois costumes de chœur : celui d'hiver (*solennités* et *simples*) ; celui d'été (*solennités*), et celui des *simples* pour cette saison.

1° Hiver et été pour les solennités, c'est l'habit des évêques, avec cette seule différence, en hiver, que le devant de la cape est bordé d'hermine ainsi que l'ouverture des poches, que la cape est de laine, que le capuce est rattaché des deux côtés, et que les deux rubans violets qui servent à la retenir se relient et tombent sur la poitrine. La traîne doit suspendre par derrière à un ruban rouge ; on ne la laisse tomber que le Vendredi-Saint pour l'adoration de la Croix. Pour les solennités le *rochet* est brodé.

2° Pendant la semaine en été, la *Mozette* de laine violette donnée par le cardinal Rohan-Chalot, et le *Rochet* simple.

3° La *Croix* vermeil émaillée, ci-avant décrite, moins les fleurs de lys qui sont remplacées par des rayons ; la légende placée du côté du médaillon représentant saint Louis est remplacée par : A Pio papa IX concessum 1807 ; et à l'inscription de l'autre face est ajoutée la date 1779. Cet insigne n'est porté que les jours de dimanche et aux fêtes solennelles.

Armes. — *D'azur, à un aigle de saint Jean et au bras de saint Etienne, tous deux d'or* ; l'aigle volant de dextre à senestre où est posé en pal le bras dressé sur un socle reposant sur une base losangée.

BELLEY.

Bellicium.

Notice.—Le siège érigé aux premières années du V° siècle fut tout d'abord placé dans la petite ville de Nyon (*Neomagus*), au canton de Vaud. Son diocèse comptait jusqu'à la évolution tout le Beugey et de plus une partie du Dauphin et de la Savoie. La constitution de 1790 enleva à ce siège toutes ses dépendances éloignées et les remplaça par la jonction du pays de Gex, qui faisait auparavant partie du diocèse de Chambéry, et alors il fut de la province de Lyon. En 1802 ce siège supprimé fut incorporé au diocèse de Lyon. L'ordonnance de 1822 le rétablit à nouveau et le rendit à sa métropole de Besançon. Monseigneur Devie réorganisa le chapitre.

Il a pris pour patron : Saint Jean-Baptiste.

Costume canonial. — A leur reconstitution les chanoines reprirent l'habit de chœur du chapitre de Lyon qui les avait absorbés en 1802. (Voir la description qui en est faite pour les chanoines de Lyon). Ils ont conservé le costume de cette époque moins le manteau.

Sceau capitulaire. — Dans un cartouche ouvragé à rinceaux et feuilles en volûtes, un écu ovale, ayant sur fond de gueules une main bénissante dite de saint Jean-Baptiste dont le chapitre possédait avant la révolution la relique insigne. L'inscription placée au dessus, à l'intérieur d'une bordure dentelée, est : Ecclesia Bellicensis.

NANCY ET TOUL.

Nanceium ; *Tullum Leucorum.*

Notice. — Primitivement simple collégiale, puis érigée en primatiale par le pape Clément VIII (15 mars 1602), l'église Notre Dame de Nancy fut constituée en cathédrale dans l'année 1777. Le 19 novembre de cette année le pape Pie VI autorisa l'érection du siège épiscopal. Le diocèse fut démembré de celui de Toul. Celui-ci remontait au milieu du IVe siècle et dépendait de la province de Trèves. Ayant été supprimé en 1790, il fut incorporé au diocèse de Nancy dont il dépend depuis; les évêques ont uni les deux

titres. Quant au siège de Nancy, suffragant de la métropole
de Trèves depuis sa fondation jusqu'à la grande Révolution, il passa alors dans la province de Reims. Il est entré
dans celle de Besançon depuis le rétablissement du culte
en 1802.

Le chapitre a pour patron : NOTRE-DAME.

COSTUME CANONIAL. — Tandis que l'Église de Nancy n'était
encore que primatiale, son dernier primat Monseigneur de
Choiseul Beaupré avait obtenu en 1750 pour les chanoines
avec le rochet, la soutane et la mozette de couleur violette.
Le roi Stanislas leur fit don d'une croix pattée, émail et
vermeil. Tout cela fut englouti dans le gouffre de 1790,
alors qu'à l'érection de la primatiale en évêché le pape
Pie VI avait maintenu tous les anciens honneurs et privilèges. Depuis la révolution bien des modifications ont été
apportées. En 1857 Monseigneur Menjaud fit restituer par
le souverain Pontife la décoration donnée cent ans auparavant, avec tous les droits antérieurs. Mais les chanoines
ne portèrent jamais le violet complet ; ils se contentèrent
d'ajouter des boutons de cette couleur à la soutane ordinaire, et ils gardèrent la mozette telle qu'ils la portent aujourd'hui. Par bref du 9 juillet 1863, Monseigneur Lavigerie régularisa ce costume comme suit : 1° Avec le *Rochet*
simple pour les jours ordinaires, et à guipure pour les
solennités, 2° en été, une *Mozette* en soie noire bordée et
doublée de cramoisi, avec boutons et boutonnières de
même ; 3° (en hiver) par dessus le rochet, *Manteau* de drap
noir avec bordure en velours cramoisi ; et alors la *Mozette*
en soie est remplacée par une hermine mouchetée ;
4° *Croix pectorale*, concédée en 1857, ne différant de l'ancienne que par la couleur de l'émail, qui est bleu au revers
comme au droit, au lieu d'être bleu et vert. De forme pattée, elle porte entre les bras, sur une sorte de gloire en or,
quatre croix de Lorraine en émail blanc bordé d'un filet

d'or. Sur le médaillon qui est au centre, on voit d'un côté l'image de saint Sigisbert, avec cette inscription : STAN. REX. 1757, INST., de l'autre côté avec l'Annonciation de la Vierge : PIUS IX, 1857 REST. ; et au bas : FLAGIT. A. B. MEN-JAUD EP. (1).

ARMES ET SCEAU. — Les armes de ce chapitre étaient les armes pleines de Lorraine, surmontées au chef de l'écu de la représentation du mystère de l'Annonciation, et pour cimier un groupe de trois têtes d'anges. Au dessous de l'écu, qui est ovale, est appendue la croix canoniale ; de plus une banderolle enroulée, entourant le tout, porte pour devise : ECCLESIA NANCEIENSIS. Le scel capitulaire représente une Vierge-Mère couronnée d'un diadème forme impériale, assise, tenant l'enfant Jésus sur les genoux, et cette devise dans le pourtour : CAPITULUM ECCLESIÆ NAN-CEIENSIS.

SAINT-DIÉ.

Sanctus Deodatus in Vosago.

NOTICE. — Le siège de Saint-Dié ne remonte qu'à l'année 1777. Le corps capitulaire qui fut alors institué par Monseigneur de Chaumont de la Galaisière succédait aux chanoines réguliers de Saint-Augustin, qui avaient à leur tête un grand prévôt, d'après une bulle de Grégoire V donnée en 996. Ceux-ci avaient été mis au lieu et place des Bénédictins établis en 660 par Dieudonné, ancien évêque de Nevers. En 1790 cet évêché, qui auparavant ressortissait à la province de Trèves, fut placé dans celle de Besançon.

---

(1) Il faut lire ainsi ces diverses inscriptions : *Stanilaus rex 1757 instituit — Pius nonus 1857 restituit, flagitante Alexio Basilio Men-jaud episcopo.*

La réforme de 1802 le supprima et l'incorpora au diocèse de Nancy. Il fut rétabli eu 1823 ; Monseigneur Jacquemin reconstitua alors le chapitre.

Son patron est : SAINT-DIÉ.

COSTUME CANONIAL. — L'habit de chœur de Messieurs les chanoines diffère peu de celui qui leur fut donné à l'époque de leur rétablissement. Il est ainsi décrit dans les Règlements et Statuts publiés par Monseigneur Dupont : « Art. 36. En été le *rochet* à manches, la *mozette* noire avec doublure, boutonnières, boutons et passe-poils cramoisis, et le *bonnet* carré ; en hiver le même *rochet*, le *manteau* de drap noir garni de velours cramoisi, le camail en fourrure blanche, et le bonnet carré si l'on n'a pas le camail sur la tête. » Art. 37 : « En entrant au chœur, chacun doit laisser tomber la queue de sa soutane ou de son manteau. » Présentement : 1° le *Rochet* est simple aux jours ordinaires, et garni de guipures aux solennités et quand l'évêque officie ; 2° *Camail* et *Manteau*, comme jadis, sauf qu'on a supprimés la queue et le capuchon ; 3° *Croix pectorale* attachée à un ruban de soie cramoisie avec liséré noir. Cet insigne, qui fut jadis porté par les chanoines de la Prévôté a été quelque peu modifié après demande faite par Monseigneur Caverot. Il est forme de Malte avec boules aux pointes, en émail blanc liseré de bleu. Au centre, qui est émail bleu, d'un côté le buste de saint Dié en or ; de l'autre celui de Pie IX avec cette inscription : PIUS IX. PONT. MAX. ANNO 1862 ORNAVIT. L'anneau est relié à la dite croix par une tiare, surmontant un médaillon d'azur qui porte les armes du chapitre, et accosté de deux clés or et argent passées en sautoir. L'intervalle des quatre branches est garni alternativement de la Croix de Lorraine en or, et d'un alérion d'argent.

ARMES ET SCEAU. — Ce chapitre use d'un scel ovale qui est : *D'or, à la bande de gueules, chargée de trois roses d'argent*. Pour légende : Sigillum capituli eccl. cathed. S. Deodati. Un autre sceau porte cet écu brochant sur la Croix capitulaire, et tout autour cette inscription : Chapitre de l'Église Cathédrale de Saint-Dié.

VERDUN.

Virodunum, Virdunum.

Notice. —La fondation de l'Église épiscopale de Verdun remonte à la première moitié du IVᵉ siècle avec S. Saintin pour évêque. Suffragant de Trèves depuis l'origine, le siège fut attribué à la métropole de Reims par la constitution illégitime de 1790. Le concordat de 1802 le supprima et l'incorpora au diocèse de Nancy. Il fut rétabli en 1821 comme suffragant de la métropole dont il relève aujourd'hui, et le chapitre y fut ramené par Monseigneur d'Arbou.

Il a pour patron : Notre-Dame (Assomption).

Costume canonial. — Avant la Révolution, Messieurs les chanoines portaient : 1° en hiver, le surplis à larges manches, une chape en drap noir ornée en dedans de parements de velours rouge, et sur les bords un cordon de soie rouge qui se terminait, à un demi pied de terre, par une houppe de soie même couleur; plus un camail de drap noir, dont la pointe par derrière descendait jusqu'aux talons. Les dignitaires avaient le camail ouvert et garni de fourrures noires et blanches disposées en bandes verticales. 2° En été : le rochet, plus un surplis à larges manches sur ce rochet, le bonnet carré et l'aumusse petit-gris, doublée de peaux de lapins d'Angleterre mouchetées de noir et garnies de queues blanches et noires. A l'époque du rétablissement du siège et de la reconstitution du chapitre en

1823, Monseigneur d'Arbou fixa pour l'été : 1° Le *Rochet* avec dentelles et broderies aux manches seulement ; 2° la *Mozette* noire liserée et doublée de rouge ; 3° la *Barrette* en velours noir.

En 1836, Monseigneur Valayer donna pour l'hiver : 4° Le *Rochet* ; 5° la *Chape* en drap noir avec deux bandes de velours rouge sur le devant, plus l'hermine avec capuchon noir liseré de rouge par dessus. Enfin un indult pontifical du 6 juillet 1860 accorde aux chanoines titulaires *seulement* : 7° la *Croix pectorale*, or et émail blanc, forme de Malte, dont les bras sont réunis au centre par un médaillon rond qui porte sur une face la Vierge-Mère debout sur un croissant, avec cette inscription circulaire : CAPITULUM VIRDUNENSE. MDCCCLX. Sur l'autre côté un évêque debout, crossé, chapé et mitré, entouré de cette légende : S. SANCTINUS PRIMUS VIRDUNENSIUM EPISCOPUS. Les entrebranches sont unies au médaillon et entre elles par de gracieux et légers rinceaux d'or à feuillages. Cet insigne fut porté pour la première fois le 8 septembre 1875 au couronnement de la Vierge de Benoîte-Vaux.

Une décision épiscopale, rendue en 1885 par Monseigneur Gonindard, accorde en outre le liséré violet à la barrette de velours noir.

SCEAU CAPITULAIRE. — De forme ovale, portant sur le champ une Vierge-Mère couronnée assise sur un trône, tenant l'Enfant Jésus sur les genoux. Autour cette inscription : CAPITULUM ECCLESIÆ VIRDUNENSIS.

VII

PROVINCE DE BORDEAUX.

Métropole de la seconde Aquitaine, Bordeaux avait au III⁰ siècle, pour sièges suffragants, Agen, Angoulème, Périgueux et Saintes. Au XIV⁰ siècle on y joignit les nouveaux évêchés de Condom, Luçon, Maillezais (plus tard La Rochelle) et Sarlat ; il en fut ainsi jusqu'en 1789. Au remaniement de 1790, Bordeaux devint métropole du sud-ouest et eut pour suffragants Agen, Angoulème, Dax, Limoges, Luçon, Périgueux, Saintes et Tulle, avec le siège de Saint-Maixent créé pour le département des Deux-Sèvres. Mais en 1802 ce dernier rentra dans le diocèse de Poitiers dont il n'était qu'un démembre-ment. Le concordat de 1802 réduisit cette province aux seules suf-fragances de Poitiers, Angoulème et La Rochelle. Refaite en 1823 elle comprend à ce jour : Bordeaux, Agen, Angoulème, La Basse-Terre, Luçon, Périgueux, Poitiers, La Rochelle, Saint-Denis, Saint-Pierre et Fort-de-France.

BORDEAUX.

Burdigala.

NOTICE. — L'origine du siège épiscopal de Bordeaux paraît remonter aux temps apostoliques. Nous venons de dire que dès le III⁰ siècle il était métropolitain et l'est resté avec bien des modifications jusqu'à nos jours. La nouvelle réforme du chapitre métropolitain fut opérée par Mgr Da-viau du Bois de Sanzai.

Le patron du chapitre est : SAINT ANDRÉ.

Costume canonial. — Messieurs les chanoines de Bordeaux portent : 1° le *Rochet*, simple en toute saison et temps liturgique ; 2° le *Camail* noir, en drap pour l'hiver, en soie pour l'été, avec large bande de soie rouge sur le milieu de la poitrine. Cette bande est bordée à l'extérieur d'une étole d'hermine blanche ; 3° même *Camail* entouré au bas d'un bourrelet d'hermine pour l'hiver ; 4° la *Barrette* ordinaire.

Sceau capitulaire. — De forme ovale, au centre duquel sur un cartouche à volutes et lambrequin un écu ovale qui se lit : *D'azur semé d'hermines, chargé d'un saint André au naturel cloué sur la croix de son nom d'argent.* Au-dessus du cartouche une couronne de comte. Tout autour cette inscription : Cap ecgl. metrop. et. prim. sancti Andreæ Burd.

AGEN.

Aginnum.

Notice. — Saint Phébade est regardé comme le fondateur de cette Église. Il n'y eut donc pas de corps capitulaire avant la seconde moitié du IV° siècle. Depuis sa fondation le siège épiscopal ressortissait à la province ecclésiastique de Bordeaux, d'où il fut distrait en 1802 pour passer dans la métropole de Toulouse. En 1823 il fut rendu à sa province primitive, sous l'épiscopat de Monseigneur Jacoupy.

Le patron du chapitre est : Saint Etienne proto-martyr.

Costume canonial. — Par ordonnance du 4 novembre 1845 Monseigneur de Levezou de Vesins, « désirant que le costume du Chapitre soit de plus en plus en harmonie avec la solennité du culte, » ordonna (pour l'hiver) : 1° un *Camail* en drap noir orné, en forme d'étole, de deux bandes en

velours cramoisi de la largeur de 10 centimètres ; bordé
tout autour en martre ou imitation de martre, et garni de
passementeries rouges sur les coutures ainsi qu'au dessus
de la fourrure et du velours à la distance d'un centimètre ;
2° (pour l'été) : un *Camail* soie noire avec bandes soie rouge
moirée sans fourrure, et passementeries comme en hiver ;
3° le *Cochet* de tulle brodé pour les jours de fêtes et de dimanches ; *Cochet* simple au carême et les jours sur
semaine. (Les chanoines honoraires ne peuvent user du
rochet brodé qu'à la cathédrale et dans les cérémonies
présidées par l'évêque) ; 4° une *Croix pectorale*, concédée
par indult apostolique du 24 décembre 1872, sous le pontificat de Pie IX. Cette décoration, forme croix de Malte,
est en émail blanc cerclé de vermeil et porte une fleur de
lys entre chacune des branches ; le médaillon central représente d'un côté saint Étienne et de l'autre saint Caprais
patrons de l'église cathédrale. Un large ruban de soie
rouge bordé de jaune sert à suspendre cette croix.

Sceau capitulaire. — Sous un habitacle à trois étages,
accompagnant une niche centrale, saint Étienne en pied,
revêtu de la dalmatique, tenant dans ses mains les cailloux
de sa lapidation. Inscription : Sigillum capituli ecclesiæ
aginnensis.

ANGOULÊME.

Engolisma, Inculisma.

Notice. — Ce diocèse remonte au moins au III siècle ;
vers 260 il avait à sa tête l'évêque saint Ausone. Aussitôt
que dans la seconde Aquitaine, qui avait Bordeaux pour
métropole, on put grouper autour de la chaire cathédrale
une assemblée d'ecclésiastiques, il y eut un chapitre. Ses
évêques furent suffragants de Bordeaux, et cette orga-

nisation demeura jusqu'à la grande révolution. Si un moment ce diocèse faillit disparaître comme bien d'autres, les remaniements opérés en 1790, en 1802 et 1823 le maintinrent toujours dans le ressort de la province ecclésiastique dont il relève encore de nos jours.

Le patron du chapitre est : SAINT PIERRE.

COSTUME. — L'habit de chœur a été réformé par bref du 19 février 1884. Il se compose : 1° du *Rochet* brodé ; 2° d'un *Camail* noir (de drap en hiver, de soie en été) doublé en soie rouge, orné sur toutes les coutures, sur le devant des boutonnières et tout autour, d'un liséré en soie rouge formant point de chaînette à losange ; 3° d'une *Croix pectorale* forme grecque en cuivre doré ou métal précieux. Cet insigne qui est porté à l'aide d'un ruban de soie violette, a sur la face principale l'effigie de saint Pierre avec cette légende : SANCTUS PETRUS APOSTOLORUM PRINCEPS ECCLESIÆ CATHEDRALIS TITULARIS, et sur le revers l'image de saint Ausone accompagnée de la devise : SANCTUS AUSONIUS PRIMUS ENGOLISMENSIS EPISCOPUS.

SCEAU CAPITULAIRE. — Deux clés passées en sautoir et liées ensemble, les pannetons en dehors. En bordure circulaire l'inscription : CAPITULUM INSIG. ECCLES. ENGOLISMENSIS avec une fleur de lys comme point final. — Nous remarquerons que le champ des armoiries de la Charente est semé de fleurs de lys ; ne serait-ce pas là ce qui a donné l'idée de celle que nous signalons ci-dessus ?

LA BASSE-TERRE.

Ima Tellus.

NOTICE. — Evêché datant du 25 septembre 1850, dans la capitale de La Guadeloupe. Il a pour territoire cette île et ses dépendances savoir : les Saintes, Marie-Galante, la

Désirade, la partie française de Saint-Martin et Saint-Bar-
thélémy.

Le chapitre a pour patron : Notre-Dame de la Guadeloupe.

Costume canonial. — Simple *rochet*, et simple *camail* à
boutons et lisérés rouge-ponceau.

Pas de sceau.

LUÇON.

Lucio, Lucionum.

Notice. — L'évêché de Luçon fut établi le 13 août 1317
par le pape Jean XXII. Ce nouveau diocèse fut démembré
de celui de Poitiers, et le chapitre installé dans l'abbaye
Notre-Dame de Luçon dont la fondation remontait au
VIIe siècle. Par la réorganisation de 1802 cet évêché se
trouva supprimé et le diocèse uni à celui de La Rochelle. Le
rétablissement actuel date du concordat de 1821, et la nouvelle organisation capitulaire fut faite vers cette époque par
Monseigneur René-François Soyer.

Le patron du chapitre est : Notre-Dame (Assomption).

Costume canonial. — Ce chapitre a conservé la simplicité
primitive du costume qui fut donné à la restauration du
culte. Son habit de chœur se compose de : 1° *Rochet* sans
dentelle ; 2° *Mozette* noire, en drap pour l'hiver, en soie
pour l'été ; 3° *Barrette* noire ordinaire.

Sceau capitulaire. — Entre deux branches de laurier
fruitées et attachées à leur base, un écusson qui porte :
*D'azur, à trois brochets d'or rangés en fasces, posés l'un sur
l'autre.*

PÉRIGUEUX.

Petrocorium, Petrocoras, Petrocoricum, Vesunna
Petrocoricorum.

NOTICE. — Selon la tradition la plus répandue, ce siège serait d'origine apostolique ; pour le moins il remonte au IIe siècle. Perpétuellement il fut de la suffragance de Bordeaux. La réforme opérée en 1802 l'unit au diocèse d'Angoulême. En 1821 cet évêché fut rétabli et entra dans la province actuelle, avec Monseigneur de Lostange qui réorganisa le chapitre.

Le patron est : SAINT FRONT.

COSTUME CANONIAL. — Il se décompose ainsi : 1° *Rochet* en batiste unie et plissée à très petits plis ; 2° *Camail* noir (drap en hiver, soie en été), doublé de soie rouge, bordé tout autour d'une bande de moire rouge, large d'environ 5 centimètres, avec passe-poils de même couleur sur les coutures et au milieu du dos ; deux bandes d'hermine blanche, de 8 centimètres de largeur environ, descendent sur le devant depuis le haut jusqu'en bas, et encadrent deux bandes de moire rouge qui se ferment avec des boutons de même couleur placés sur fond noir.

ARMES ET SCEAU. — *D'azur, à un évêque* (Saint Front) *au naturel, assis chapé, crossé, mitré et bénissant de la dextre, soutenant appuyé contre ses genoux un écu en losange d'argent à cinq annelets de même posés en forme de croix grecque* 1, 3, 1. Ce scel est entouré de deux branches liées à leur base, et dont le sommet va se recourbant contre un monde cerclé et chargé d'une croix latine pattée ; autour l'inscription : CHAPITRE DE PÉRIGUEUX. Cette légende se lit seulement dans le sceau à cacheter ou timbre à l'humide. Le scel à impression ne porte pas d'inscription.

8

POITIERS.

Pictavium, Augustoritum Pictonum.

NOTICE. — D'après les traditions, ce siège remonte au
IIIᵉ siècle; mais les temps qui précèdent l'épiscopat de
saint Hilaire (350-368) sont fort obscurs. Uni dès le principe à la province de Bordeaux, cet évêché fut placé dans
celle de Bourges, par la réformation de 1790. Depuis 1802
il est rentré dans son ancienne métropole. Le chapitre fut
alors reconstitué par Mgr de Bailly.

Il a pour patron : SAINT PIERRE.

COSTUME CANONIAL. — Messieurs du chapitre portent au
chœur, tant été qu'hiver : 1° le *Rochet* simple sans garniture, avec parements brodés aux manches ; 2° une *Mozette*
noire liserée de rouge avec boutons et doublure de même
couleur. Depuis l'année 1868, à la demande de Monseigneur Pie, ils ont été dotés : 3° d'une *Croix* en argent dorée et émaillée, portant dans un médaillon central, sur
une face le buste de saint Hilaire, avec cette légende circulaire : S. HILARIUS UNIVERSALIS ECCLESIÆ DOCTOR ; et sur
l'autre face l'effigie de Pie IX avec l'inscription : EX DE-
CRETO PII PAPÆ IX INSTANTE SYNODO BURDIGALENSI. Cet insigne se suspend au cou à l'aide d'un ruban en moire
rouge avec liséré blanc qui s'attache aux deux clés passées
en sautoir sur la branche supérieure de la croix. Pour
les offices quotidiens on substitue un cordon au ruban.

ARMES ET SCEAU. — Les armoiries capitulaires se composent de deux clés en sautoir sur un écu rond, sommé
d'une tiare, le tout entouré de deux branches de palmier,
liées à leur base. Le sceau porte, assis sur une chaire
épiscopale, un pape en tiare et chape (Saint Pierre probablement, qui est patron du chapitre). Autour cet exergue : SIGILLUM CAPITULI ECCLESIÆ PICTAVIENSIS.

LA ROCHELLE ET SAINTES.

Rupella ; Santones, Mediolanum Santonum.

NOTICE. — Avant de passer à La Rochelle, le siège épiscopal était à Maillezais (*Malleacum*), abbaye de Saint-Pierre
fondée en 990, et érigée en évêché le 13 août 1317. La
partie ecclésiastique qui lui fut annexée était un démembrement du diocèse de Poitiers. Louis XIII voulut porter
ce siège épiscopal à Fontenay-le-Comte ; mais divers obs-
tacles ayant empêché ce déplacement, Louis XIV le transféra à La Rochelle, où il fut confirmé par bulles d'Innocent X, datées du 4 mai 1648. Alors fut donné au nouvel
évêché, outre l'ancien diocèse de Maillezais, tout le pays
d'Aunis et l'île de Rhé, détachés du diocèse de Saintes.
Celui-ci est aujourd'hui uni à La Rochelle qui supprimé
en 1790 fut rétabli par le concordat de 1802. Le chapitre a
été rétabli sous l'épiscopat de Monseigneur Demandolx.

Il a pour patron : SAINT LOUIS.

COSTUME CANONIAL. — Il se compose, en temps ordinaire,
de : 1° *Rochet* à guipure et parements noirs aux manches ;
2° *Camail* noir (drap en hiver, soie en été), doublé de soie
rouge, avec piqures, boutons et boutonnières de cette
même couleur ; 3° *Croix pectorale*, genre Légion d'honneur, pommetée, vermeil et émail, dont les branches sont
reliées par les clés et la tiare papales ; au centre, sur le côté
principal, médaillon semé d'étoiles et portant un saint
Eutrope en pied, chapé, crossé, mitré, avec cette devise :
SANCTUS EUTROPIUS ; sur le revers, l'inscription : EX CONCES-
SIONE PII IX PONT. MAX. ANNO 1860. Pour les solennités :
4° *Cappa* en mérinos ou cachemire violet, ayant le timbre
en soie rouge doublé de mérinos violet pour l'été, et en
hermine pour l'hiver. La queue de ce vêtement est retenue
sur le côté gauche par un cordon de soie rouge, placé en

sautoir sous la cappa. Il fut accordé, ainsi que le rochet orné, à la demande de Mgr Thomas, le 9 avril 1875.

SCEAU CAPITULAIRE. — Grand ovale arrondi, portant tout autour l'inscription : CAPITULUM ECCLESIÆ RUPELLENSIS SEDE VACANTE. Au centre *deux palmes unies et recourbées, enserrant un sceptre fleurdelysé et une main de justice passées en sautoir et cantonnées de trois oiseaux volant de droite à gauche ;* au dessus une couronne de fleurs.

SAINT-DENYS (Ile de la Réunion).

Sanctus-Dionysius.

NOTICE. — Quoique cette île appartienne à la France depuis 1642, il n'y a eu d'évêché qu'en 1850. Il fut érigé le 25 septembre et compris dans la province métropolitaine de Bordeaux. Le diocèse embrasse la circonscription de l'Ile de la Réunion, ci-devant île Bourbon de l'Afrique française, dans l'océan indien. Il n'y a point de chapitre ; cependant par une faveur particulière le Souverain Pontife a permis aux évêques de Bourbon de nommer des chanoines honoraires ; et un bref daté du 5 février 1858 régla le costume de la manière suivante :

COSTUME CANONIAL. — 1° *Rochet* à guipure ; 2° *Mozette* noire avec boutons et boutonnières rouges, bordée d'hermine dans tout son pourtour.

Point de sceau capitulaire.

SAINT-PIERRE ET FORT-DE FRANCE (Martinique).

Arx Gallica.

NOTICE. — Cet évêché fut érigé le 27 septembre 1850, avec le siège à Fort-de-France, capitale de la Martinique.

Une bulle du 12 septembre 1853 le transféra à Saint-Pierre. et l'évêque a été dès lors autorisé à prendre le titre des deux localités. L'île de la Martinique forme ce diocèse. Comme à Saint-Denys de la Réunion il n'y a pas de chapitre établi. Les évêques ont le droit de donner des titres de chanoines honoraires, avec le port d'un costume qui a été réglé sur demande faite à Rome.

Costume canonial. — Il se compose : 1° du *Rochet* uni pour les temps ordinaires, et avec guipure et parements aux manches, dans les solennités ; 2° du *Camail* noir à capuce, avec lisérés et boutons rouges ; 3° dans les solennités, le *Camail* est bordé d'hermine tout autour ainsi qu'autour du cou et le long des boutonnières ; 4° *Croix pectorale*, genre de la Légion d'honneur, portant dans le médaillon une Immaculée avec cette devise : Ave Maris Stella. Messieurs les grands vicaires, qui sont les premiers chanoines honoraires, ont les lisérés et les parements des manches de couleur violette.

Point de sceau capitulaire.

VIII

PROVINCE DE BOURGES.

Bourges fut de tout temps le centre d'une province ecclésias-tique. Dès sa fondation elle comprit dans son ressort les évêchés de Clermont, Limoges, Le Puy, Albi, Mende, Cahors et Rodez dont on dédoubla, pour un siècle et demi environ, celui d'Arzat (*Arisitum*). Au XIVᵉ siècle furent ajoutés à ces sièges ceux de Saint-Flour, Tulle, Castres et Vabres. Lorsque en 1678 fut créée la métropole d'Albi, on détacha de celle de Bourges, Castres, Mende, Cahors, Rodez et Vabres. En 1790, Bourges, devenu chef-lieu de l'arrondissement du centre, reçut pour suffragants Blois, Tours, Poitiers, Nevers et de plus trois évêchés de nouvelle création, à savoir : Moulins, Châteauroux et Guéret. Par l'accord de 1802, cette province comprit Clermont, Saint-Flour et Limoges. Enfin, en 1823, elle recouvra la forme qu'elle avait en 1789 : elle comprend, depuis lors, Bourges, Clermont, Limoges, Le Puy, Saint-Flour et Tulle.

BOURGES

Bituricæ, Avaricum Bituricum.

Notice. — Un siège épiscopal fut établi dans cette mé-tropole de la première Aquitaine, dès la première partie du IIIᵉ siècle. Dans la notice concernant Bourges comme chef-lieu de province ecclésiastique, nous venons de dire les diverses péripéties qu'il eut à subir. A l'époque de la nouvelle constitution des diocèses, le siège épiscopal resta vacant pendant 8 ans après la mort de Monseigneur de Mercy arrivée en 1811. Le diocèse fut alors administré par Monseigneur Fallot de Beaumont, évêque de Plaisance, avec titre de vicaire capitulaire. Sa démission faite le 30 avril 1814, il n'y eut d'archevêque que le 26 septembre 1819. Ce titulaire, Monseigneur Desgallois de Latour reconstitua le chapitre métropolitain.

Il a pris pour patron : SAINT ÉTIENNE PREMIER MARTYR.

COSTUME CANONIAL. — Les chanoines ont un double costume. En *hiver* : 1° *Rochet* en guipure (privilège accordé par le Souverain Pontife, en 1886) ; 2° long *Manteau* de drap noir avec orfrois en velours cramoisi ; 3° *Camail* même étoffe se terminant en longue pointe, et orné, sur les devants, d'une bande de Petit-gris, de boutons et boutonnières de soie carminée, et sur les côtés d'un liséré de soie de cette même nuance. Pendant *l'été* : avec le même Rochet, 4° *Mozette* en soie noire, doublée, lisérée et boutonnée de soie carminée ; 5° *Croix pectorale* en argent fin toute dorée ; les branches sont terminées à leur extrémité par un trèfle, orné de feuilles tombantes formant une petite croix carrée ; le fond est sablé avec deux petits filets moltés. Au centre, médaillon entouré d'une gloire à vingt rayons, de forme ovale. Il représente, sur un côté, le patron de l'église métropolitaine, saint Étienne, avec cette légende : CAP. ECCL. P. P. METROP. BITURICEN. — Sur l'autre face Pie IX. avec cette inscription : PIUS PP. IX. CARDINALI DU PONT A. D. 1847. Ces devises sont en lettres dorées sur émail blanc, entre deux petits moltés. On porte cette croix, en sautoir, à l'aide d'un ruban moiré, couleur ponceau, de 6 centimètres et demi de largeur.

SCEAU CAPITULAIRE. — Les pièces émanant du chapitre métropolitain sont timbrées d'un sceau ordinaire, forme ovale. Il porte un saint Étienne sur une terrasse, en vêtements de diacre, une palme à la main droite, et des pierres dans la gauche ; le tout brochant sur une croix archiépiscopale. La légende tracée tout autour, de gauche à droite et arrêtée par un fleuron, est : SIG. ECCLESIÆ P. P. BITURICENSIS SEDE VACANTE.

CLERMONT.

Claramons, Clarus Mons, Augustonemetum Arvernorum.

NOTICE. — L'évêché des Arvernes, fondé vers le milieu du IIIᵉ siècle, ne fut établi à Clermont qu'au VIIIᵉ. Jusque-là les évèques qui l'occupaient ne paraissent pas avoir eu de résidence fixe ; les chapitres furent aussi sujets à ces changements. Compris en 1790 dans l'arrondissement du sud-est, dont la métropole était Lyon, l'évêché de Clermont fut rendu, dès 1802, à sa première métropole, Bourges. Le chapitre y fut reconstitué par les soins et sous l'administration de Monseigneur Duvalk de Dampierre.

Il a pour patron : NOTRE-DAME.

COSTUME CANONIAL. — Messieurs les chanoines de Clermont sont dotés d'un double costume pour chacune des deux saisons, été et hiver. Ils ont : 1° le *Rochet* brodé, sur lequel ils revètent, en *hiver*, les jours solennels : 2° la *Cappa* en drap noir avec bordure de soie violette de 5 centimètres et un chaperon d'hermine blanche ; les jours simples 3° *Camail* même étoffe et même couleur, bordé de rouge avec boutons et cordonnets sur les coutures, même nuance rouge. En *été*, pour les solennités : 4° même *Cappa* en mérinos, avec la bordure décrite ci-dessus, et le chaperon ou timbre en soie rouge doublé de mérinos noir ; les jours ordinaires : 5° *Camail*, soie noire, avec les mèmes ornements qu'à celui d'hiver. Enfin, par dessus ces divers vètements, 6° une *Croix pectorale*, attachée à un ruban soie rouge. Cet insigne récemment concédé porte,

sur un fond grisaille, d'un côté la Vierge-Mère, patronne
de la cathédrale, et de l'autre Léon XIII. — La Cappa fut
introduite par Monseigneur Boyer qui obtint à cet effet un
bref pontifical en 1880.

Sceau et armoiries. — Les armoiries, qui servent aussi
de scel capitulaire, sont les mêmes que celles de la ville
de Clermont, avec cette seule différence qu'elles font sur-
monter l'écu d'une Vierge-Mère à mi-corps, tenant l'enfant
du bras gauche, et de la main droite une tige fleur-de-lysée;
les deux personnages nimbés. Elles se blasonnent ainsi :
*D'azur, à la croix cousue de gueules, contournée de
quatre fleurs de lys d'or* ; ou bien encore : *de France
ancien, à la croix cousue de gueules.* — Il est à remarquer
que ces armes sont, suivant le langage héraldique, *à en-
querre*, c'est-à-dire ont couleur sur couleur. D'après Sava-
ron, elles ont été données à la ville par saint Louis, en
souvenir des Croisades. Un fait digne de remarque c'est
que Jérusalem a, comme Clermont, des armes à en-
querre. Cette particularité n'est pas due au hasard ; on a
voulu ainsi rapprocher ces deux villes : Clermont d'où
est parti le signal des Croisades, et Jérusalem le but auquel
aspirait la chrétienté (1).

LIMOGES.

Lemovicæ, Augustoritum Lemovicum.

Notice. — L'opinion la plus accréditée, fait ce siège de
fondation apostolique. Il dépendit, dès l'origine, de la métropole de Bourges. Le remaniement opéré par la grande
Révolution le plaça dans la province du Sud-Ouest, qui

(1) Sur cette question, voir le mémoire présenté, en 1868, à l'aca-
démie de Clermont par M. Mallet, architecte de la Cathédrale.

avait Bordeaux pour capitale. — Quand vint la nouvelle organisation de 1802, ce diocèse fut rendu à sa première métropole. C'est de cette époque que date la constitution nouvelle du chapitre, sous l'épiscopat de Monseigneur Dubourg.

Il a pris pour patron : SAINT ÉTIENNE PREMIER MARTYR.

COSTUME CANONIAL. — Depuis la restauration des chapitres, l'habit de chœur de Messieurs les chanoines a été plusieurs modifié ou complété par divers évêques. Tandis qu'anciennement ils portaient le *Rochet* et l'*Aumusse*, au rétablissement du culte ils prirent une *Mozette* de drap noir avec lisérés couleur cerise. En 1845 Monseigneur Buissas donna un double costume, l'un pour l'hiver, l'autre pour l'été. Ce fut : 1° avec le *Rochet* garni, 2° la *Mozette* en moire antique à lisérés et points de chaînette couleur cerise, pendant l'été. En hiver, ce vêtement est en drap et garni autour d'une bordure d'hermine, qui s'ajoute en deux bandes sur le devant le long des boutons. En 1858 Monseigneur Desprez obtint de Rome un costume pour les solennités. Il se compose pendant l'hiver : 1° de la *Cappa magna* en mérinos violet, bordée d'un large ruban de soie couleur amarante, avec timbre en hermine doublé de mérinos violet. Pour l'été : 2° *Petit Manteau*, de forme assez semblable au manteau français de cérémonies, en mérinos violet, bordé pareillement à la Cappa ; le timbre qui est pareil pour la doublure, a de la soie amarante à la place de la fourrure de celui d'hiver ; 3° *Barrette* soie noire pour l'été, drap pour l'hiver, l'une et l'autre liserées couleur cerise, houppe noire ; 4° *Rochet* à guipure ; 5° *Croix pectorale* forme de Malte, émaillée bleu et or. Elle porte dans le médaillon, sur une face, l'image de saint Étienne patron de l'église cathédrale, et sur l'autre saint Martial patron du diocèse et fondateur de cette église. Le ruban auquel elle est attachée est en moire rouge, comme celui de la Légion d'honneur. Cet insigne fut concédé à la demande de Monseigneur Duquesnay, en 1873.

ARMES ET SCEAU. — Avant 1790 le chapitre usait des armes dont on trouve souvent la figure dans des sculptures et peintures de la cathédrale. Elles étaient : *D'azur, à cinq fleurs de lys d'or posées 3 et 2, l'écu surmonté d'une crosse ;* et au bas, se déroulant au pied de la crosse, la devise : SIGILLUM CAPITULI INSIGNIS ECCLESIÆ LEMOVICENSIS. Actuellement le scel porte un saint Étienne en pied sur une terrasse, tenant à la dextre une palme, et à la senestre un caillou. L'inscription est restée telle qu'autrefois.

LE PUY.

Anicium, Podium.

NOTICE. — Le siège épiscopal du Velay est probablement d'origine apostolique, ou pour le moins il remonte au IIIᵉ siècle. Il fut d'abord placé au village de Saint-Paulien (*Ruessio*). A l'époque de l'invasion des barbares, dans le Vᵉ siècle, il fut porté au Mont-Anis (*Podium Aniciense*) dont la ville fut appelée Le Puy. Quoique placé dans la province de Bourges jusqu'en 1790, cet évêché ne releva que du Saint Siège par privilège du pape Pascal II, accordé en 1105. A la Révolution il fit partie de la métropole lyonnaise. En 1802, incorporé au diocèse de Saint-Flour, il fut rétabli en 1823 et restitué à sa province primitive. Le chapitre cathédral y fut reconstitué sous l'épiscopat de Monseigneur de Bonald.

Il a pour patron : NOTRE-DAME.

COSTUME CANONIAL. — Depuis le rétablissement du culte, ce chapitre a apporté diverses modifications à son costume choral. Il use: 1° du *Rochet* simple, habituellement ; mais MonseigneurLe Breton obtint le rochet *brodé* pour les solennités, vers 1875 ou 1876. 2° *Camail* noir (drap ou soie d'après les saisons), doublé de soie rouge, piqué, bordé et boutonné de même. C'est le camail primitif, concédé sous l'épiscopat de Monseigneur de Bonald, et qu'on ne prend qu'aux jours non fériés et dans les offices funèbres. 3° *Mozette* noire, ornée sur le devant d'une bande de soie rouge d'environ 15 centimètres, et encadrée d'un bourrelet d'hermine qui se développe aussi dans tout le pourtour. Ce vêtement fut obtenu après 1840 par Monseigneur Darcimoles, et se prend de la Toussaint à l'Ascension, les dimanches et fêtes secondaires. 4° *Cappa magna* en laine ou satin couleur violette, en tout semblable à celle des évêques, moins la longueur de la queue, qui est réduite. Les bords, du haut en bas et dans le pourtour, sont ornés, à l'intérieur, d'un ruban de soie moirée rouge de 5 centimètres. En hiver le timbre ou chaperon de ce manteau est en hermine doublée satin violet ; en été il est en soie rouge. Ce vêtement, qui ne se porte jamais hors de la cathédrale, se prend aux grandes solennités, et pour l'hiver tous les dimanches. Comme la mozette, ce costume fut demandé par Monseigneur Le Breton. 5° *Croix pectorale* de vermeil, forme grecque, aux extrémités recerclées, et recouverte d'émail bleu. Les quatre branches sont réunies par un cercle d'or, dans l'intérieur duquel de gracieux rinceaux filigranés. Au centre, dans un médaillon forme auréole gothique, et qui est d'un émail bleu plus foncé, on voit sur le revers l'effigie de Pie IX, avec la devise : PIUS IX. AN. DE MORLHON. MDCCCLV ; sur la face principale l'image de Notre-Dame-du-Puy et cette inscription : SEDES ANICIENSIS ERAT DOMINI PAPÆ, souvenir de l'ancien diocèse du Puy qui relevait immédiatement du Saint Siège. Cette décoration est attachée à un ruban bleu, soie moirée.

SCEAU CAPITULAIRE. — Grand ovale, au fond semé d'étoiles, sur lesquelles broche un édicule ajouré et donjonné abritant l'image de Notre-Dame-du-Puy, sur fond d'azur. Autour : CAPITULUM ECCLESIÆ ANICIENSIS.

SAINT-FLOUR.

Floropolis, Fanum Sancti Flori.

NOTICE. — Ce siège épiscopal fut fondé le 20 février 1318 par le pape Jean XXII. Il était mis au lieu et place de la collégiale datant du X⁰ siècle et dans laquelle le chapitre régulier, suivant la règle de saint Benoît, vivait sous la direction d'un prieur. Ce chapitre ne fut sécularisé qu'en 1476, par le pape Sixte IV. Le diocèse était démembré de celui de Clermont. En 1790 il fut compris dans la r'gion du sud-est, qui avait Lyon pour métropole; en 1802 il revint à celle de Bourges.

Le chapitre a pour patron : SAINT FLOUR.

COSTUME CANONIAL. — Comme la plupart des chapitres celui de Saint-Flour a conservé, sauf la décoration, le costume donné au rétablissement du culte. C'est 1° : le *Rochet* à guipure ; 2° la *Mozette* en soie noire pour l'été, et en drap pour l'hiver; doublure, lisérés et piqûres à point d'épines en soie rouge ; 3° *Croix pectorale* trefflée, en vermeil ; au centre un médaillon représentant d'un côté une Immaculée au milieu d'une gloire, avec cette devise or sur émail bleu : MARIA SINE LABE CONCEPTA. ROMÆ. 8⁰ DECEMBRIS 1854. Sur l'autre face buste de Pie IX avec la légende : PIUS IX PONT. MAX. CAPITULO ECC. SANFLORENSIS. Cette croix est suspendue à un large ruban moire blanche liserée de bleu ; les jours ordinaires on remplace le ruban par un cordon de mêmes nuances.

ARMES ET SCEAU. — On les lit : *D'azur, à trois A gothiques d'argent.* Au-dessus de l'écu une couronne de marquis, le tout surmonté du chapeau épiscopal à cordons enlacés, avec trois houppes de chaque côté; au bas deux branches de laurier fruitées, liées ensemble.

TULLE.

Tutela.

NOTICE. — Evêché érigé le 13 août 1317 par le pape
Jean XXII, à la place de l'abbaye de Saint-Martin, dont la
fondation remontait à la fin du VIIᵉ siècle. Néanmoins le
chapitre resta deux cents ans soumis à la règle monastique, et ne fut sécularisé que par une bulle de Léon X, du
27 septembre 1514. Depuis son érection, ce siège épiscopal
ressortissait à la province de Bourges ; il passa dans celle de
Bordeaux lorsque survint le remaniement de 1790. La
Constitution de 1802 le supprima et l'incorpora au diocèse
de Limoges ; mais la nouvelle organisation de 1823 le rétablit et le rendit à son ancienne métropole. Monseigneur de
Saget réorganisa le chapitre.

Le patron est : SAINT MARTIN.

COSTUME CANONIAL. — Tel qu'ils le portent aujourd'hui,
l'habit de chœur de Messieurs du chapitre ne remonte
qu'à quelques années. Au mois de décembre 1881 Monseigneur Denéchau demanda certains privilèges qui le modi-
fièrent dans ses parties principales, et ajoutèrent aux concessions des évêques antérieurs. Le premier changement
avait été fait en 1876, par Monseigneur Berteaud qui, à
cette date, dota les chanoines de la croix pectorale dont
nous aurons à parler ; jusque là ils avaient porté le costume concédé à l'époque du rétablissement du culte. Présentement ce chapitre a le costume d'hiver et celui d'été.
Pour l'été : 1º le *Rochet* brodé (simple pour les chanoines
honoraires); 2º la *Mozette* en soie noire, doublée, boutonnée et liserée de soie rouge, portant sur le devant, le long
des boutonnières, une double bande de soie rouge moirée
nuance de la Légion d'honneur. En hiver ; 3º cette *Mozette*
est en drap, et les bandes du devant en velours cramoisi

faisant plastron sont entourées d'une bande d'hermine qui part du cou, descend jusqu'au bas et se déroule tout autour; 4° *Manteau* talaire, en drap noir, couvert en haut par la Mozette, et portant comme celle-ci, sur le devant jusqu'au bas, les bandes de velours et d'hermine. Enfin, 5° en toute saison, une *Croix pectorale* en vermeil, à quatre branches égales, terminées par un quatrilobe. On voit sur la face principale un cœur couronné d'épines, d'où émergent des flammes et une croix ; il est accosté de l'Alpha et de l'O-méga ; dans le lobe supérieur la Vierge-Mère assise avec l'Enfant, accompagnée à droite et à gauche de l'inscription MHTHP ΘEOY en sigles ; dans le lobe inférieur un évêque avec la légende : SANCTUS MARTIALIS ; au lobe de droite saint Martin à cheval donnant la moitié de son manteau à un pauvre, avec cette devise : SANCTUS MARTINUS, dans celui de gauche, saint André appuyé sur la croix de son nom, et cette inscription : SANCTUS ANDREAS. Au revers, qui n'a aucun ornement, on lit dans la bande transversale : PRIVILÈGE EN DATE DU 21 JANVIER 1876. Uniquement réservé aux titulaires, cet insigne fut concédé aux chanoines honoraires par Monseigneur Denéchau. Il se suspend à un ruban rouge, nuance de la Légion d'honneur.

ARMES ET SCEAU. — Ces armoiries sont : *D'azur, à un saint Martin à cheval d'argent coupant son manteau d'or ; avec pauvre debout au naturel, le tout sur un sentier d'argent.* Jadis on voyait en chef, à senestre, un roc d'échiquier, qui est une pièce des armes de la ville. Autour l'inscription : CAPITULUM TUTELENSE (1).

---

(1) Ce chapitre tient le droit de sceau de son premier évêque Arnaud de saint Astier. On en trouve la preuve dans un document cité par Baluze (*Hist. Tutel.*, *appendix*, col. 638) et dont voici l'extrait. « *Volentes... votis vestris annuere... tenore præsentium... vobis et successoribus vestris concedimus ut capitulum ecclesiæ Tutellensis, sigillum habeat, et eo in communibus et capitularibus contractibus utatur libere absque contradictione quacumque .. Datum apud Avinionem 6 kalendas februarii anno Domini MCCCXVIII.* »(Cf. Ouvrages de M. l'abbé Poulbrière, historiographe diocésain).

IX

PROVINCE DE CAMBRAI.

———

Telle qu'elle est composée présentement, la province de Cambrai remonte à l'année 1841. Sa première constitution fut faite en 1559, par bulle du 12 mai. Cette érection avait été consentie par le Souverain Pontife, à la demande de Philippe II, roi d'Espagne, qui voulut soustraire ses états des Pays-Bas à la suprématie de la métropole française de Reims. Alors furent placés dans la nouvelle province les évêchés d'Arras, de Saint-Omer, de Tournai et de Namur, qui en firent partie jusqu'à la Révolution de 1790. Aujourd'hui elle n'a plus qu'un siège suffragant, Arras.

CAMBRAI.

Cameracum ad Carentonam, Augustonervium.

Notice. — Malgré les prétentions de quelques historiens voulant donner une origine apostolique au siège épiscopal de Cambrai, il est plus sûr de dire qu'il ne fut fondé qu'après l'an 500. A cette époque, saint Remi évêque de Reims envoya saint Vaast évangéliser les pays des Nerviens et des Atrébates, d'où furent formés les diocèses de Cambrai et d'Arras. Siège et chapitre de Cambrai furent suffragants de Reims jusqu'au 29 août 1559, date à laquelle ils devinrent métropolitains. La Constitution de 1790 réduisit Cambrai au rang de simple évêché sous la dépendance de sa première métropole. Au remaniement opéré en 1802 il passa dans la province de Paris. Lorsque ce siège fut rétabli en archevêché (1841), le chapitre redevint métropolitain.

Le patron est : NOTRE-DAME.

COSTUME CANONIAL. — A l'époque du rétablissement du culte, 1802, Monseigneur Belmas, par ordonnance du 24 octobre, art. IV, donna à ses chanoines le *Rochet* et une *Mozette* en drap noir pour l'hiver, et en soie noire pour l'été. Le costume porté actuellement fut établi par S. E. le cardinal Giraud. Il se compose : 1° du *Rochet* uni, en batiste, avec légère garniture aux poignets ; 2° de la *Mozette* noire, doublée de soie rouge, avec lisérés de même couleur sur toutes les coutures ; garnie tout autour d'hermine, et sur le devant un large plastron de soie rouge, accompagné de chaque côté d'une bande d'hermine avec trois queues noires ; 3° de l'*Aumusse* ; 4° de la *Barrette* noire, à quatre cornes, avec houppe de soie noire, et garnie sur les coutures d'un liséré de soie rouge ; 5° d'une *croix pectorale* en vermeil, accordée par le pape Pie IX sur la demande du cardinal. Au centre cet insigne porte, sur une face l'image de la Vierge Mère, avec cette inscription : CAPITUL. CAMERACEN. MATER GRATIÆ O. P. N.; sur l'autre, le portrait de Pie IX et ces mots : PIUS PP. IX INDULSIT 28 SEPT. MDCCCXLVII. — E LIMIN. APOST. REDEUNTE P. CARD. GIRAUD. Cette croix est attachée à un ruban de soie rouge. Le bref pontifical reconnaît aussi cet insigne aux chanoines honoraires.

SCEAU CAPITULAIRE. — Dans un ciel rayonnant, Vierge de l'Assomption, portée sur des nuages par des anges. La devise circulaire est : CAPITULUM CAMERACENSE.

9

ARRAS

Atrebatum, Atrebates, Nemetocenna.

Notice. — Il n'y eut point de chapitre à Arras, avant le
IXe siècle. Jusqu'à cette époque le siège était uni à celui de
Cambrai, bien qu'ayant une administration distincte. En
1094 le pape Urbain II prononça la séparation de ces deux
Églises, et plaça le nouvel évêché dans la métropole de
Reims. Vivant de son autonomie depuis son premier
évêque, qui fut institué le 9 mars 1095, cette église cathédrale eut ses chanoines en propre. Lorsque, en 1559, le
siège de Cambrai devint métropolitain, le diocèse d'Arras
devint son suffragant et le demeura jusqu'en 1790. Avec la
supression du diocèse, à cette époque néfaste, disparut le
chapitre. Il n'a pu être reconstitué qu'à la réérection du
siège épiscopal, donné en 1802 à Monseigneur de la Tour-
d'Auvergne-Lauragais, qui eut en même temps sous sa
houlette les anciens diocèses de Boulogne (*Bolonia, Gesso-
riacus*), de Térouane (*Taruanna*) et de Saint-Omer (*Audo-
maropolis*).

Les patrons du chapitre sont : Notre-Dame et Saint Vaast.

Costume canonial. — Ce chapitre est doté d'un costume
uniforme pour l'été et l'hiver. C'est : 1° le *Rochet* simple ;
2° la *Mozette* en moire noire, doublée de soie rouge, bordée tout autour d'hermine mouchetée de noir et garnie,
parallèlement aux boutons, de deux bandes d'hermine
aussi mouchetée. Entre ces deux bandes et les boutons un
plastron en soie cramoisie, qui fut concédé par le cardinal
de la Tour-d'Auvergne, à l'occasion de sa promotion au
cardinalat ; 3° l'*Aumusse* d'hermine, pareille à l'ornementation de la mozette ; 4° la *Barrette* noire avec houppe
soie rouge ; 5° une *Croix pectorale* vermeil et émail, de

forme équilatérale, concédée par Pie IX à la demande de Monseigneur Parisis. Dans le médaillon central de cette décoration on voit, sur une face, l'Assomption de la Sainte-Vierge, patronne principale de la cathédrale, avec cette inscription : MARIA ASSUMPTA CAPIT. CATHEDRALE ; l'autre face porte l'image de saint Vaast, premier évêque d'Arras, assis sur sa chaire, instruisant Clovis qui est debout, et cette devise : SANCTUS VEDASTUS CLODOVÆUM DOCET. Aux deux extrémités de cette croix se trouvent, d'un côté une étoile, de l'autre un ancre, qui étaient les armes de Monseigneur Parisis. Un ruban de soie rouge bordé d'une ligne violette sert à suspendre cet insigne.

ARMOIRIES ET SCEAU. — Les armes sont : *D'azur, à une Vierge-Mère accompagnée de trois fleurs de lys, deux en cantons, une en pointe.* Pour exergue : SIGILLUM CAPITULI ATREBATENSIS. Dans le scel à impression la Vierge est portée sur des nuages, et les lys des cantons du chef sont descendus à mi-corps ; là l'inscription est complétée par les mots : ECCLESIA CATHEDRALIS. — On croit que les trois fleurs de lys ont été prises en mémoire : 1° de Clovis qui fut très libéral envers l'église de Reims et de Saint-Vaast ; 2° du roi de France, qui avait une stalle réservée au chœur de la cathédrale ; il la faisait occuper par le prévôt qui, étant censé garder la place du roi, ne devait la céder à personne, pas même au président du conseil d'Artois.

Nous remarquerons que les armes de la ville d'Arras portent entre autres pièces, une mitre et deux crosses en sautoir ; on a voulu, sans doute, consacrer par là le souvenir des deux évêques saint Remy et saint Vaast, fondateurs de la cité chrétienne.

X

PROVINCE DE CHAMBÉRY.

Cette province ecclésiastique est de date assez récente. Elle fut érigée par bulle du 17 juillet 1817 et reçut dans ses dépendances les sièges jadis suffragants de la province de Tarentaise, à savoir : Tarentaise, Sion en Valais, Aoste et Saint-Jean de Maurienne. Depuis 1825, par suite de la suppression de certains sièges et de l'annexion de quelques provinces françaises à la Savoie, la métropole de Chambéry ne comprend plus que les trois évêchés suffragants ci-après : Annecy, Saint-Jean de Maurienne, Moutiers en Tarentaise.

CHAMBÉRY.

Camberiacum, Camberium.

NOTICE. — Au 18 août 1770 seulement remonte la fondation d'un siège épiscopal à Chambéry, dépendant de la province ecclésiastique de Vienne. Le chapitre comme le clergé fut pris dans le décanat de Savoie qui ne comprenait que soixante-quatre paroisses, et qui de temps immémorial avait appartenu au diocèse de Grenoble. En 1793 diocèse et chapitre furent supprimés ; puis rétablis par le concordat de 1802, ils se composèrent jusqu'en 1815 de la Savoie et du pays de Gex. Deux ans après (1817) le chapitre devenait métropolitain par l'érection du siège en archevêché, sous l'administration de Monseigneur Dessoles. Les statuts capitulaires furent donnés le 24 janvier 1803 par

Monseigneur de Monstiers de Mérinville, et révisés en 1834 par Monseigneur Martinet.

Le patron du chapitre est : NOTRE DAME.

COSTUME. — Comme tous les chanoines de la Savoie, MM. du chapitre métropolitain ont le costume choral des chanoines de Saint-Jean de Latran. Il se compose de : 1° *Rochet* uni aux jours de féries et dans les offices funèbres ; brodé plus ou moins richement suivant le degré des fêtes et solennités ; 2° *Cappa magna* en laine violette ; 3° *Camail* de même étoffe et couleur que la cappa, terminé derrière par une double pointe. Ce vêtement a le devant recouvert d'hermine blanche pour le temps qui s'écoule depuis la Toussaint jusqu'au samedi saint ; et recouvert de soie rouge depuis ce dernier jour jusqu'à la Toussaint. — Pour plus de commodité on a supprimé la traîne de la cappa, et le costume entier est porté au chœur à tous les offices, même pour la psalmodie de l'office quotidien.

NOTA. — Il est à remarquer que le costume des chanoines de la Savoie date de l'érection de la chapelle du château de Chambéry en collégiale séculière par bulle du pape Paul II, en 1467. L'historique en serait fort long, vu les modifications qui furent apportées à diverses époques.

SCEAU CAPITULAIRE. — Le chapitre possède un double sceau. Le premier de forme ovale porte sur un cartouche une croix latine tréflée et figée sur un mont à copeaux ; au-dessus et dans une banderolle une inscription devenue illisible ; le tout est ombragé par le chapeau des évêques à trois rangs de houppes, 1, 2, et 3. Autour, de gauche à droite : CAPITULI METROPOLITANI CAMBERIENSIS, et, séparant les deux parties de cet exergue, deux branches de laurier enlacées. — Le second cachet capitulaire qui n'est fait que pour timbrer à la cire, n'est en usage que pendant la vacance du siège épiscopal. De tout point semblable au

premier, il porte au centre une tête qui est celle de saint
François de Sales, patron de l'église et du diocèse. Le chapeau et la croix sont supprimés.

ANNECY.

Anesiacum.

NOTICE. — L'évêque de Genève, Pierre de la Baume,
chassé de sa ville épiscopale par les protestants, le
27 août 1535, se retira avec son chapitre dans la petite
ville d'Annecy qui relevait de son diocèse. Chanoines et
évêques continuèrent à y résider depuis 1536 jusqu'en
1793, époque de la réunion de la Savoie à la France. Le
concordat de 1801 incorpora Annecy au diocèse de Chambéry, tandis que le siège de Genève fut supprimé. Mais
après que ce dernier évêché eut été rétabli et réuni à celui
de Lausanne en 1819, Annecy fut érigé en évêché distinct
et compris dans la province ecclésiastique de Chambéry.
La bulle de cette érection est datée du 15 mars 1822 ; le
chapitre fut peu de temps après établi par Monseigneur
de Thiollaz. Par le motif relaté au début de cette notice,
on peut dire que pour Annecy le chapitre fut antérieur à
l'évêché.

Ce chapitre a pris pour patron : SAINT PIERRE ÈS LIENS.

COSTUME CANONIAL. — L'habit choral de MM. les chanoines
d'Annecy a été fixé par bref apostolique du 4 avril 1607.
Tel il est de nos jours encore. Il se compose : 1° du *Surplis*,
par dessus lequel on passe : 2° le *Rochet* ; 3° la *Cappa*
en laine violette qui, en hiver est complétée par un mantelet d'hermine ; en été cette fourrure est remplacée par
un timbre ou chaperon de soie rouge. Les temps d'été et
d'hiver sont fixés par Pâques et la Toussaint. Une autorisation postérieure à la date ci-dessus indiquée autorisa le

port du mantelet de soie rouge même dans les jours
simples, ce qui était contraire à l'autorisation première (1).

ARMES ET SCEAU. — Ce chapitre possède quatre sceaux
différents. Sur les deux premiers, et qui sont les plus
anciens, est représenté un saint Pierre en pied, tenant les
clés à la main, et les pieds reposant sur un écu chargé de
deux clés passées en sautoir; tandis que dans le plus simple
de ces cachets le personnage broche sur un fond uni, le
plus orné et plus grand le représente sous un portique à
fronton et appuis. L'un et l'autre de ces sceaux porte tout
autour cette inscription : SIGILL. ECCL. OLIM GEBENN. NUNC
ANNECIENSIS. Un troisième scel de forme ovale allongé porte
au centre les deux clés en sautoir et attachées entre elles
autour : SIGILL. CAPIT. ANN. OLIM. GEBEN. Enfin un autre
cachet, genre armoiries, forme ovale, a un écu chargé des
deux clés aussi en sautoir et surmonté du chapeau épiscopal à quatre rangs de houppes, disposées 1, 2, 2 et 1 ; au
bas deux petites branches de laurier liées ensemble; pour

(1) Vu l'antiquité de la concession de ce costume, nous rapportons
ici le texte même du bref apostolique d'après un parchemin conservé aux archives de ce chapitre. « CAPUT XVI. — *De habitu canonicorum.* Capitulum humiliter acceptavit gratiam concessam a S. D.
N. papa Paulo V in forma Brevis sub datum Romæ apud S. Petrum
sub annulo Piscatoris die 4 aprilis 1807, in quo vult et statuit D.
Præpositum et singulos canonicos loco almutiarum quas hactenus
deferre consueverant in ecclesia et oppido ubi resident, et quandocumque cooperante gratia civitatem ipsam Gebennensem ad catholicæ fidei cultum reduci contigerit, in ipsa ecclesia cathedrali et
dicta civitate tam in choro et capitulo quam processionibus et aliis
actibus publicis et privatis, in quibus nos pro tempore intervenire
opportuerit, uti debere rocheto, cum cappa violacea de lana tantum, cum pellibus armeliniis hiemali, reliquo vero tempore in solemnitatibus tantum et per octavam Corporis Christi eadem cappa absque pellibus armellinis sed earum loco serico rubro armesino nuncupato, alias vero rocheto, cum supra posito superpelliceo. »

devise : SIGIL. MAGN. CAPIT. ECCLES. CATHED. ANNECI. C'est le grand sceau capitulaire.

SAINT-JEAN-DE-MAURIENNE.

Mauriana, Maurienna, Muriana.

NOTICE. — Distrait du diocèse de Turin, cet évêché fut fondé au commencement du VIe siècle et compris dans la province de Vienne. Il passa dans le ressort de la métropole de Moutier-en-Tarentaise, lors du rétablissement de celle-ci en 779. Bientôt après, rendu à sa métropole primitive, il y resta attaché jusqu'en 1790. Supprimé par le concordat de 1801, et incorporé au diocèse de Chambéry, cet évêché fut rétabli le 5 avril 1825 et attribué à la métropole dont il dépend actuellement. Le chapitre y fut reconstitué par Monseigneur Billiet, qui administra le diocèse de 1826 à 1840.

COSTUME CANONIAL. — L'habit choral de ce chapitre est présentement tel qu'il se portait avant la Révolution de 1792, et est identique à celui de Messieurs les chanoines de Chambéry, d'Annecy et de Moutier. Il consiste en : 1° *Cappa magna*, sans queue, étoffe laine, couleur violet épiscopal, avec large bordure soie rouge feu ; 2° *Camail* même étoffe et même couleur, garni pour l'hiver d'hermine sur le devant; pour l'été cette ornementation est en moire même teinte que celle de la cappa ; 3° sous la cappa, le *Rochet* à guipure, avec tolérance de parements aux manches ; ce vêtement est tout uni dans les offices funèbres. Dans le XVe siècle ils portaient en hiver un *froc* (*frochia*), par dessus lequel une *Chape* noire; en été, *Surplis* avec *Aumusse*.

ARMOIRIES ET SCEAU. — De tout temps ce chapitre a usé des armes adoptées par la ville même de Maurienne. Elles sont : *D'azur, au dextrochère bénissant, de carnation ;* c'est la main de saint Jean-Baptiste, dont on vénère les reliques dans la cathedrale. Autour, cette inscription : SAINT-JEAN DE MAVRIENNE.

TARENTAISE.

Darantasia, Tarantasia, Forum Claudii.

NOTICE. — Le siège épiscopal de Tarentaise fut fondé vers l'an 420 par saint Honorat, évêque d'Arles. Il ressortit alors à la métropole de Vienne. Vers la fin du VIIIᵉ siècle Tarentaise devint centre de province ecclésiastique avec Sion, Aoste et Saint Jean-de-Maurienne pour suffragants. Supprimé en 1793, ce siège fut rétabli comme simple évêché en 1825, et compris dans la province de Chambéry. Le chapitre fut reconstitué par Monseigneur Martinet.

Il a pour patron : SAINT PIERRE.

COSTUME CANONIAL. — Nous avons déjà dit que le costume choral des chapitres de la Savoie était de tout point semblable. Ajoutons que, suivant la tradition, le pape Martin V l'accorda à son passage dans ces pays en revenant du concile de Bâle. Pour compléter les descriptions déjà données au sujet des trois chapitres précédents, voici le texte même des statuts capitulaires concernant l'habit canonial.

« Constat habitus choralis Rochetto et Cappa cum Camallo.

« Rochettum aliud est simplex, aliud ornatum. Altitudo ejus est de longitudine manicarum. Cappa, sine cauda, est ex lanicia violacea, anterius aperta, oras habens prætextas limbo serico coloris *rubri chermesini.* Camallus alter est supra pectus et circa collum sericus et rubeus, alter iisdem in partibus est coopertus pellibus herminiacis : reliquum habet lanestre et violaceum sicut cappa. — Ca-

mallus prior accipitur in fine litaniarum sabbati sancti,
usque ad diem vigesimam primam octobris ; posteriore
autem utuntur a primis vesperis festi omnium sanctorum
inclusive usque ad missam sabbati sancti.

« Rochettum limbo ad inferiorem partem ornatum deferri
solet in festis et toto tempore pascali, solis exceptis processionibus sancti Marci et Rogationum. — In festis vero et
dominicis quadragesime et adventus (præter missam feriæ
quintæ in Cœna Domini) in vigiliis et feriis quatuor temporum, si de eis fiat officium, in missis et officiis defunc-
torum, præterquam in die festo omnium sanctorum, solum
usurpabitur ab omnibus Rochettum simplex. »

Sceau capitulaire. — Le scel du chapitre porte l'image
de saint Pierre avec l'inscription circulaire : Capitulum
ecclesiæ Tarentasiensis. Pendant la vacance du siège épiscopal, les vicaires capitulaires usent d'un sceau de tout
point semblable à celui-là, mais de plus grande dimension.
— Pas d'armoiries.

XI

PROVINCE DE LYON.

———

Lyon est considéré à juste titre comme la plus illustre et la plus ancienne province ecclésiastique des Gaules. Elle eut d'abord pour suffragants les évêchés d'Autun, de Langres, de Châlon-sur-Saône et de Mâcon. En 1731 elle reçut celui de Dijon, et en 1742 Saint-Claude, qui tous ensemble continuèrent à faire partie de cette province jusqu'en 1789. Établi métropole de l'arrondissement du sud-est, en 1790, Lyon eut dans son ressort Clermont, Saint-Flour, Le Puy, Viviers, Grenoble, Autun et Belley, auxquels sièges le concordat de 1802, en rétablissant la province de Lyon, substitua ceux de Mende, Valence, Grenoble et Chambéry. Ce dernier évêché lui fut enlevé en 1815 lorsque la Savoie cessa d'appartenir à la France. Enfin, réorganisée en 1822, cette province ecclésiastique comprend : Lyon, Autun, Dijon, Grenoble, Langres, Saint-Claude.

LYON ET VIENNE.

Lugdunum; *Vienna Allobrogum.*

NOTICE. — Depuis 1822 les deux titres sont réunis sur la tête des archevêques de Lyon, primats des Gaules. Le siège de Lyon, le plus élevé et le plus illustre de toutes les provinces ecclésiastiques, remonte au II° siècle, ainsi que celui de Vienne. Celui-ci, qui jouit du primatiat, même avant Lyon, déclina peu à peu jusqu'à sa suppression totale en 1790, époque à laquelle il passa au diocèse de Grenoble.

Le siège de Lyon prospéra au contraire, et quand arriva la Révolution, il fut constitué métropolitain de l'arrondissement du sud-est. La réorganisation de 1822 lui a donné la constitution qu'il a conservée jusqu'à ce jour, et le chapitre métropolitain n'a pas subi un seul instant de suppression.

Il a pour patron : SAINT JEAN.

COSTUME CANONIAL. — Par dessus le *Rochet*, les chanoines de la primatiale revêtent : 2° un *Camail* noir, de drap en hiver et en faille pour l'été, doublé de soie rouge groseille. La doublure, ramenée sur le devant, forme une petite bande ouverte par le milieu avec boutons et ganses de même couleur. Ce revers est accompagné des deux côtés d'une bande d'hermine qui fait aussi le tour du cou. Ce costume fut donné par Pierre Guérin, cardinal de Tencin, qui dirigea cette église de 1740 à 1758. Il obtint aussi de Louis XV, par patentes données à Versailles en mars 1745, que les chanoines portassent une croix d'or, insigne de leur dignité. Cette croix était émaillée, à huit pointes, terminée par quatre couronnes de comte avec quatre fleurs de lys dans les angles ; d'un côté était représenté saint Étienne, et de l'autre saint Jean, les deux patrons de l'église de Lyon. Cet insigne était suspendu au cou par un ruban couleur feu, liseré de lilas.

Auparavant les chanoines portaient le manteau noir garni de deux bandes rouges sur le devant. Antérieurement le cardinal Denis Simon de Marquemont (1612-1626) avait obtenu pour son chapitre le costume des chanoines de Rome ; mais il ne fut jamais porté. Avant la Révolution, ils officiaient en mitre ; Son Éminence le cardinal Caverot a obtenu qu'ils la porteraient desormais aux fêtes de 1re et 2e classes, avec la *Cappa* violette et une *Croix* de Malte représentant d'un côté saint Jean-Baptiste, patron de la métropole, et de l'autre l'effigie de Pie IX. Le chapitre n'a pas encore usé de ce privilège.

ARMES. — *De gueules, au griffon d'or et au lion d'argent affrontés.* Pour inscription : SIGILLUM CAPITULI LUGDUNENSIS.

AUTUN.

Augustodunum, Ædua.

NOTICE. — Suivant les opinions les plus probables le siège d'Autun fut fondé vers le milieu du III° siècle. Il releva de la province de Lyon jusqu'en 1802. A cette époque il fut attribué à la province de Besançon, et a été rendu en 1822 à sa métropole primitive. Le chapitre fut réorganisé par Monseigneur de Fontanges, après la disparition des évêques constitutionnels, contre lesquels chanoines et clergé protestèrent avec beaucoup de dignité et d'énergie.

Le patron est : SAINT LAZARE.

COSTUME CANONIAL. — Une partie du costume choral a été concédé à Messieurs du chapitre en souvenir de la belle conduite qu'ils tinrent lors du schisme de l'Église constitutionnelle, alors que leur évêque, le malheureux Talleyrand, souscrivit à la fameuse *Constitution civile* et prétendit l'imposer à son diocèse. Ce costume se compose: 1° du *Rochet* brodé, pour les solennités, et uni pour les jours ordinaires ; 2° de la *Mozette* à petit capuce, soie noire en été, et drap en hiver, doublée, couturée et boutonnée de soie rouge ; 3° de la *Cappa magna,* accordée par bref du 11 avril 1856, à la demande de Monseigneur de Marguerye, comme récompense de l'acte dont nous venons de parler. Ce vêtement est de soie rouge, avec hermine. En même temps fut accordée : 4° une *Croix pectorale.* Messieurs les chanoines n'usèrent ni de celle-ci ni de la cappa jusqu'en 1882, époque à laquelle Monseigneur Perraud, ayant consulté la Sacrée Congrégation pour le port de la

croix, il fut répondu qu'on pouvait en user ainsi que du
vêtement, quoiqu'on eût passé si longtemps sans bénéfi-
cier du privilège. En ajournant encore la prise de la cappa,
le jour de Pâques 1883 furent bénites les croix pectorales
que les chanoines portent depuis. Elle est de forme latine,
et représente sur la face principale la résurrection de Lazare,
qui est le patron du diocèse et dont les reliques sont
possédées par la cathédrale ; ce sujet est or sur émail
turquoise, avec cette inscription : INTEGRO ÆDU. CAPIT. DIE
1. DEC. 1790 PETRI. CATHED. INHÆRENTI. S. D. PII VI LAUS.
DIE. 10. MARTII. 1791. Sur l'autre face l'effigie de Pie IX,
qui se modèle sur un fond bleu persan, avec cette inscription : S. D. PII. PP. IX. MUNUS. DIE. 11. AP. 1856. Une
branche de marguerites orne les deux côtés de cette croix,
pour rappeler les armes des deux évêques : celles de Monseigneur de Marguerye avaient trois de ces fleurs ; celles
de Monseigneur Perraud en portent une. Ces fleurs s'épa-
nouissent, en groupes dans les trois croisillons supérieurs,
feuilles et fleurs émaillées au naturel sur or mât. Cet insigne
est suspendu à un large ruban de soie rouge.

ARMES. — Dans un écu ovale reposant sur un cartouche
à volûtes : *De gueules, à la croix ancrée d'argent.*

DIJON.

Divio.

NOTICE. — Le pape Clément XII créa le siège épiscopal
de Dijon en 1731, et établit la cathédrale le 9 août de cette
même année. Elle succédait à la collégiale de Saint-Étienne,
qui était confiée aux clercs réguliers de Saint-Augustin,
sous la direction des évêques de Langres. Ce clergé fut
sécularisé par Paul V en 1611. Le nouveau diocèse était
alors composé du diocèse de Langres, qui autrefois for-

mait l'archidiaconé du Dijonnais. En 1802 le siège fut
transféré dans l'ancienne église abbatiale de Saint-Bénigne.
Attribué en 1790 et 1802 à la province de Besançon, en 1822
il fut replacé dans la métropole de Lyon.

Ce chapitre a pour patron : SAINT BÉNIGNE.

COSTUME CANONIAL. — Avant le concile de Lyon, tenu en
1850, Messieurs les chanoines, avaient la mozette uniformément noire, en drap pour l'hiver, en soie pour l'été,
avec fourrure d'hermine. Depuis lors, avec : 1° le *Rochet*
simple sans guipure ni parements, ils portent : 2° la susdite *Mozette* à petit capuce, doublée de soie rouge amarante, avec cordonnet et liséré à point de mouche de cette
même couleur, dans toutes les coutures et au milieu du
dos ; boutons et boutonnières même nuance ; on croit
qu'avant l'érection de la cathédrale, les chanoines portaient l'hermine ; 3° la *Barrette* noire à trois cornes dont
on a fait disparaître depuis quelques années la houppe et
les lisérés amarante.

SCEAU CAPITULAIRE. — Une palme et trois cailloux un
à gauche, l'autre à droite, le troisième en pointe rappellent le martyre de saint Étienne, patron de l'ancienne
église avant que la ville et le diocèse de Dijon eussent été
placés sous le patronage de saint Bénigne, apôtre de la
Bourgogne. La légende est : SIGILLUM CAPITULI ECCL. DIVIO.

GRENOBLE.

Gratianopolis.

NOTICE. — La fondation de cette église épiscopale
remonte à la deuxième moitié du IV° siècle ; Domninus, qui
en fut le premier évêque, siégeait en 381. Depuis son origine, ce siège était suffragant de la province de Vienne ;

mais en 1790 il passa dans le ressort de Lyon, dont il relève encore.

Patron : Notre-Dame.

Costume canonial. — Il a été modifié depuis cinquante ans environ, du moins quant au *camail*. Celui-ci à l'époque de la Restauration du culte était en soie noire, doublé de soie cramoisie avec boutons et liséré de même, et par devant deux bandes de petit-gris. Présentement : 1° le *Camail* est soie noire doublé couleur ponceau et terminé par quatre filets ou contrepoints de même couleur ; boutons noirs accompagnés, à droite et à gauche d'une bande soie ponceau entourée d'hermine mouchetée ; 2° *Rochet* simple, à manches unies pour les jours ordinaires, et à manches brodées pour les jours de solennités ; 3° *Croix pectorale* à quatre branches terminées par deux boutons ; dans le milieu médaillon représentant, d'un côté, le buste d'une Vierge-Mère émergeant d'un croissant et couronnée par deux anges ; sur l'autre face effigie de saint Hugues, patron de Grenoble. Cet insigne fut accordé par bref du 16 juin 1862 ; il est pris les jours de fêtes, et se suspend à un ruban moire bleue liserée de jaune.

Armoiries et sceau. — Le sceau d'impression est ovale entouré de deux branches de laurier ; il porte une Vierge-Mère debout, tenant l'enfant sur le bras droit ; l'un et l'autre personnage sont nimbés. Pour légende on lit : Capitulum eccles. cathed. gratianop, et un fleuron pour point d'intersection. Le sceau à froid est rond et porte aussi la même Vierge sur un fond agrémenté de volutes qui forment une sorte de niche avec baldaquin. L'inscription est ainsi composée : Sigil. cap. cath. eccl. grat.

LANGRES.

Lingonæ, Lingones, Automadunum Lingonum.

NOTICE. — Ce siège épiscopal fut très probablement fondé au commencement du III° siècle ; il y avait un évêque avant saint Just, qui y présidait vers l'an 220. Depuis l'origine jusqu'en 1789 ce diocèse fut compris dans la province métropolitaine de Lyon. Dès le XII° siècle il fut décoré du titre de duché-pairie, qui donnait à l'évêque le droit de préséance sur un métropolitain dans le sacre des rois. La constitution de 1790 le plaça dans la province de Besançon. Supprimé par le concordat de 1802 et réuni au diocèse de Dijon, il fut rétabli en 1822 et rendu à sa première métropole. De cette époque date la réorganisation du chapitre cathédral, faite sous l'épiscopat de Monseigneur Arragonés d'Orcet.

Le patron du chapitre est : SAINT MAMMÈS, martyr.

COSTUME CANONIAL. — A la reconstitution du chapitre on prit le costume traditionnel. C'est : 1° le *Rochet* simple, sans broderies ; 2° en été, la *Mozette* noire, doublée de soie rouge, avec passepoils et lisérés de cette même couleur ; 3° en hiver, *Camail* de drap noir, avec pointe par derrière, qui descend jusqu'à l'extrémité du rochet, brodé et piqué de rouge sur les coutures ; par devant un plastron de velours cramoisi, attaché par une succession de cordonnets que retiennent des boutons de même couleur, en forme de brandebourgs ; au sommet un grand capuchon fourré et bordé de Petit-gris.

SCEAU CAPITULAIRE. — Les armes de ce chapitre portent sur *fond de sable, une main au naturel* ; sans doute la main bénissante de saint Mammès martyr, patron de l'église cathédrale.

10.

SAINT-CLAUDE.

Claudiopolis, San-Claudium.

NOTICE. — L'érection de ce siège ne remonte qu'au 22 janvier 1742. Ce diocèse fut formé de parties prises à ceux de Lyon et de Besançon. L'abbaye de Saint-Claude qui avait été sécularisée en 1510 remontait au Vᵉ siècle et porta tout d'abord le nom de Condat (*Monasterium Condatense*). Dès sa fondation le siège dépendit de la province de Lyon, mais il ne faisait pas partie du clergé de France, quant à l'administration temporelle. En 1790 il fut attaché à la province de Besançon, et puis supprimé en 1802. Le concordat de 1822 le rétablit avec Monseigneur de Chamon, et le rendit à sa première métropole.

Le patron du chapitre est : SAINT PIERRE.

COSTUME CANONIAL. — Ce chapitre est doté d'un costume d'été et d'un costume d'hiver. En hiver, pour les jours ordinaires : 1° *Rochet* simple ; 2° *Camail* noir avec lisérés et boutons rouges ; pour les dimanches et fêtes : 3° *Cappa magna* en drap, sans queue, avec chaperon-timbre en soie rouge moirée. — En été : 4° *Rochet* à dentelles, les jours de fêtes et dimanches ; même *Camail*, pas de Cappa. Enfin : 5° en toute saison les jours de dimanches et fêtes, *Croix pectorale*, or guilloché, forme grecque allongée et le bout des branches un peu ancré ; dans l'intervalle des bras, rinceau vermeil brochant sur fond de gloire flamboyante ; au centre médaillon forme auréole gothique, portant au recto, sur fond vert, un saint évêque en pied, chapé, crossé, mitré, bénissant un personnage qui est à ses pieds, et autour en lettres d'or, sur émail bleu, cette devise : MIRACULORUM O PATRATOR. Au verso le médaillon

porte, sur fond or, cette inscription : Pius PP. IX. RESTI-
TUIT A. D. MDCCCLXXV. Un large ruban soie noire moirée,
faisant collier, sert à suspendre cet insigne.

SCEAU CAPITULAIRE. — De forme ovale; sur une terrasse,
et au milieu de quelques nuages qui paraissent s'élever du
sol, un saint Claude, en pied, bénissant, portant chape,
mitre et crosse. Tout autour : SIGILLUM CAPITULI SAN-CLAU-
DIENSIS.

XII

PROVINCE DE PARIS.

La capitale de la France ne fut constituée en métropole ecclésiastique que par bulle du 20 octobre 1622. A la demande de Louis XIII, le pape Grégoire XV voulut bien enlever ce siège épiscopal à la métropole de Sens, et plaça dans le ressort de la nouvelle province les évêchés de Chartres, d'Orléans et de Meaux. En 1697 on y ajouta le diocèse de Blois démembré de celui de Chartres. Lorsque vint la constitution anticanonique de 1790, Paris eut dans sa province Chartres, Orléans, Sens, Troyes, Meaux et Versailles. Le concordat de 1802 lui donna les sièges de Troyes, Amiens, Soissons, Arras, Cambrai, Versailles, Meaux et Orléans. En 1821 cette province n'eut plus que Chartres, Blois, Orléans, Meaux, Versailles, Cambrai et Arras. Lorsque la métropole de Cambrai fut rétablie, en 1841, il ne resta plus à celle de Paris que les cinq suffragants qui en relèvent aujourd'hui. Nous y joignons le chapitre épiscopal et national de Saint-Denys qui y est compris topographiquement. Ainsi, Paris, Blois, Chartres, Meaux, Orléans, Versailles, Saint-Denys.

PARIS.

Parisii, Lutetia Parisiorum.

Notice. — Ce siège épiscopal fut très probablement fondé vers l'an 250 ; mais certains auteurs le disent d'origine apostolique. Il fut suffragant de la province de Sens jusqu'au 20 octobre 1622, époque à laquelle le pape Grégoire XV l'érigea en archevêché, à la demande de Louis XIII. Le chapitre y fut réorganisé après le passage du constitutionnel Gobel, par le cardinal de Belloi.

Il a pour patron : Notre-Dame.

Costume canonial. — L'habit choral de Messieurs du chapitre métropolitain de Paris se compose : 1° du *Rochet* en linon sans broderies, quelle que soit l'époque de l'année liturgique ; 2° en hiver, d'un *Manteau* de drap noir garni de deux larges bandes de velours pourpre sur les bords ; 3° d'une *Mozette* noire (en drap pour l'hiver, et en soie pour l'été) doublée, liserée et couturée en point de chaînette de soie pourpre, avec boutons et boutonnières de cette même nuance ; 4° d'une *Croix pectorale* en or émaillé, semblable pour la forme à l'étoile de la Légion-d'honneur, mais plus grande que cette dernière décoration. Au centre un médaillon représente la Vierge-Mère avec l'Enfant Jésus dans ses bras, réduction du sceau capitulaire. Sur le revers, ou seconde face de ce médaillon, l'aigle impérial avec cette inscription : Donné par l'empereur Napoléon III. Ce don fut fait à l'occasion du baptême du Prince Impérial en 1856. Pour suspendre cet insigne, un ruban bleu en soie, dont la largeur varie suivant la solennité ; il y a le ruban des féries, et celui des grandes fêtes.

Sceau capitulaire. — Dans un cartouche très ornementé, sceau de forme ovale, portant une Vierge-Mère debout, ayant l'Enfant sur le bras droit, et les pieds posés dans des nuages qui sont accompagnés de trois têtes d'anges ailés ; fond semé d'étoiles. Au dessus, dans une banderolle nouée au centre cette devise : Capitulum ecclesiæ parisiensis.

BLOIS.

Blesi. Blesæ.

NOTICE. — Louis XIV réalisa un vœu formé depuis longtemps : le démembrement de l'immense diocèse de
Chartres. A sa demande, par bulles du 1ᵉʳ juillet 1697, le
pape Innocent XII créa l'évêché de Blois, auquel on donna
le Blaisois, le Vendômois et une partie du Dunois, distrait
du diocèse précité. Cathédrale et chapitre furent alors fondés. Celui-ci disparut en 1802, époque de la suppression
de l'évêché qui se trouva réuni à celui d'Orléans jusqu'en
1822. La réérection du siège par la nomination de Mgr de
Sauzin ramena le rétablissement des chanoines en 1823.

Ils ont pour patron : SAINT LOUIS.

COSTUME CANONIAL. — Il date du dernier rétablissement
du chapitre et est conforme à celui d'Orléans, dont plusieurs
membres étaient alors chanoines honoraires. Il se compose : 1° du *Rochet* simple. En été, 2° *Camail* soie noire,
doublé en soie rouge, avec boutons, boutonnières et lisérés
sur les coutures et au milieu du dos, même couleur. En
hiver : 3° *Camail* en drap noir, plus : 4° *Manteau* de même
étoffe, avec traîne, et bordé à l'intérieur d'une large bande
de velours rouge ; 5° *Barrette* noire liserettée et bordée de
cordonnet soie rouge, et doublée en soie de cette même
couleur ; 6° *Croix* de Malte, avec rayons azur et or dans
l'intervalle des bras. Au centre médaillon portant d'un côté
saint Louis, titulaire de la cathédrale, avec cette inscription : ECCLESIA. BLESENSIS. SANCTI. LUDOVICI. AN. MDCCCLXVII ;
de l'autre côté une Immaculée, avec cet exergue : PIO IX.
PONT. MAX. AN. MDCCCLIV. (La date du bref concédant cette
décoration est le 16 juillet 1867). Cet insigne est soutenu
par un ruban de moire bleue.

Sceau. — Un saint Louis assis, de face, sur un faldistorium à têtes de chimères reposant sur un plancher à damier losangé ; le saint revêtu d'une robe avec manteau court et larges manches, tenant à dextre une fleur de lys, à senestre un sceptre royal ; tête ornée de la couronne à trois fleurons sans diadème ; à côté les initiales S et L. Pour inscription : Sigillum insignis ecclesiæ sancti Ludovici Blesensis, et une croix de Malte pour point final au sommet.

CHARTRES.

Carnutes, Carnutum, Carnotum, Carnuti.

Notice. — L'époque de la fondation de cette église est très contestée ; il est fort probable qu'elle ne remonte qu'au milieu du IVe siècle. Comme diocèse elle dépendit de la métropole de Sens jusqu'en 1622, date à laquelle elle passa dans la province de Paris. Ce siège fut supprimé en 1802 et incorporé au diocèse de Versailles. Le concordat de 1821 le rétablit et le rendit à la province de Paris. Alors fut reconstitué le chapitre par les soins de Monseigneur de Latil.

Il a pour patron : Notre Dame.

Costume canonial. — L'habit de chœur de Messieurs les chanoines comprend, en tout temps : 1° le *Rochet* sans dentelles ; en été, 2° *Mozette* noire en drap ou en soie avec lisérés boutons et ganses en soie rouge ; et en hiver 3° un grand *Manteau* droit, en drap noir, avec queue, orné de deux larges bandes de velours rouge par devant, sur lequel se met : 4° un *Camail* de même étoffe, terminé en pointe par en bas et muni d'un capuchon par en haut.

Sceau capitulaire. — Il rappelle une précieuse relique qui fut donnée par Charles-le-Chauve à la cathédrale, en 876 : un voile de la Sainte Vierge. Aussi on y a représenté, entre deux branches de palmier liées à leur pied, une chemisette à manches ou petite robe sans couture. Tout autour est gravée la légende : CAPITULUM ECCLESIÆ CARNOTENSIS.

MEAUX.

Meldæ, Meldi.

NOTICE. — Il est à peu près certain qu'il n'y eut à Meaux de siège épiscopal que vers le milieu du IV° siècle, quoique les traditions de cette Église en attribuent la fondation à saint Denys, premier évêque de Paris. Il fut suffragant de Sens depuis l'origine jusqu'en 1622 ; à partir de cette époque il entra dans la province ecclésiastique de Paris. Le chapitre détruit en 1790 fut reconstitué en 1802, sous l'épiscopat de Monseigneur de Barral.

Il a pour patron : SAINT ÉTIENNE.

COSTUME CANONIAL. — Il y a deux habits de chœur ; un pour l'été, l'autre pour l'hiver. Celui d'été se compose : 1° du *Rochet* brodé ; 2° de la *Mozette* soie noire avec doublure, boutons, boutonnières et passe-poils sur les coutures en soie cramoisie ; et à un centimètre au-dessus du passe-poil, un liséré même couleur de 1 centimètre de largeur ; 3° de la *Barrette* romaine à trois cornes, drap noir, doublée aussi de noir. En hiver, avec le rochet comme ci-dessus, 4° *Manteau* drap noir, garni de chaque côté du devant, de haut en bas, de deux bandes de velours rouge ayant chacune environ vingt centimètres de largeur ; 5° *Mozette* en drap, pareille pour les ornementations à celle de l'été.

ARMES ET SCEAU. — Le scel, de forme ovale, porte un écusson qui est : *Écartelé, au 1er et 4e d'azur chargé d'une fleur de lys d'or ; au 2e et 3e de gueules, au chandelier aussi d'or* ; on lit autour : SIGILLUM. ECCLESIÆ. SANCTI. STEPHANI. MELDENSIS.

ORLÉANS.

Aurelianum, Aurelia.

NOTICE. — La fondation de ce siège épiscopal ne peut pas remonter au-delà de la première moitié du IVe siècle. Il fut suffragant de la province de Sens jusqu'en 1622, pour passer alors dans celle de Paris. Le chapitre fut réorganisé sous l'épiscopat de Monseigneur Bernier.

Il a pour patron : la SAINTE CROIX.

COSTUME CANONIAL. — Les chanoines d'Orléans portent le costume choral des chanoines de Paris, en vertu d'une ordonnance du 20 janvier 1850 promulguée par Monseigueur Dupanloup. Ils le prirent et il devint obligatoire à partir du 2 novembre de cette même année. (Voir la description au chapitre de Paris). Une ordonnance de Monseigneur Coullié a réglé que désormais le *Rochet* simple serait brodé ou à guipure, au moins pour les fêtes et solennités. Cette innovation commença le 15 juin 1884. Monseigneur de Beauregard en 1834, et Monseigneur Fayet en 1846 autorisèrent les chanoines honoraires à porter un costume exactement conforme à celui des titulaires. — La *Croix pectorale* dont ont été honorés Messieurs les chanoines est de forme gothique. La face de droite est émail, bleu au centre ; les quatre bras sont émail blanc. Un médaillon central représente Constantin remettant à saint Euverte un morceau de la vraie Croix. On lit au haut, en devise circulaire : IN HOC SIGNO VINCES ; au bas du sujet : O CRUX AVE SPES UNICA. Le revers est en argent doré ; le centre, entouré d'une couronne d'épines en argent, est émail blanc et porte cette inscription : CAPIT. CATHEDRAL. ECCLESIÆ AURELIANENSIS. Cette décoration est portée aux offices en vertu d'un indult apostolique accordé par Pie IX, le 26 janvier 1855. — En 1866

Monseigneur Dupanloup autorisa tous les chanoines titulaires à porter un anneau d'or, conformément aux règles
établies par le droit commun. Cet anneau reproduit le sceau
comme ci-dessous, et a pour exergue : CAP. INS. ECCL.
AUREL.

SCEAU CAPITULAIRE. — De forme ovale ; sur un fond d'argent une croix d'or fixée sur un mont ou terrasse de sable;
deux clous figés sur les bras à dextre et senestre, une couronne d'épines repose au centre des bras, accrochée et
passée dans la partie de la tige supérieure ; de droite émerge
au-dessus de la croix une main (dextrochère) bénissant.
Autour on lit : SIG. CAP. ECCL. AUREL. SEDE VACANTE. Un
évangéliaire porte cette vignette ainsi coloriée : *croix de
sinople, champ d'azur, 3 clous de sinople au pied de la
croix reposant sur un mont de sable; le dextrochère est
carnation avec manche de gueules; la couronne d'épines
est de sinople.*

VERSAILLES.

Versalix.

NOTICE. — Toujours comprise dans la circonscription de
Paris, cette ville n'a eu de siège épiscopal et de cathédrale
qu'en 1802. La fondation canonique de ce nouveau diocèse
est du 9 avril, et jusqu'à l'année 1821 il se composa aussi
du diocèse de Chartres qui avait été supprimé par la nouvelle constitution. Nous ne parlons pas de l'élection anticanonique qui avait été faite en 1791 ; le pape ne reconnut
jamais cette Constitution, et aucune sorte de chapitre ne
put être établi pendant l'administration de l'évêque constitutionnel, Jean-Julien Avoine. Le premier évêque qui eut
à s'occuper de l'organisation du diocèse et du corps capitu-

laire, conformément aux bulles de 1802 et 1817, fut Louis Charrier de la Roche (1802 1827).

Le chapitre a pour patron : SAINT LOUIS.

COSTUME CANONIAL. — Les chanoines ont un costume pour l'été et un pour l'hiver : 1° En été : *Mozette* en soie noire, avec lisérés, passe-poils et boutons rouges ; 2° en hiver : *Manteau* de drap noir avec bordures de velours rouge, et par dessus : 3° un *Camail* à pointe en drap, orné comme la mozette ; 4° *Rochet*, uni pendant la semaine, avec guipure les dimanches et jours de fêtes ; 5° *Croix pectorale* forme de Malte, en émail blanc entouré d'argent doré, avec fleurons de même métal dans les angles. Dans le médaillon qui occupe le centre sont représentés, sur une face, saint Pierre et saint Paul, avec l'inscription : SANCTUS PETRUS, SANCTUS PAULUS ; sur l'autre face le patron de la cathédrale Saint-Louis, avec cet exergue : CAPITULUM ECCLESIÆ VERSALIENSIS. Cette croix se suspend à un ruban de soie violette.

SCEAU CAPITULAIRE. — Sur un semé de fleurs de lys un saint Louis en pied posé de face sur une terrasse, portant robe et manteau royal ; dans la dextre une croix, dans la senestre un sceptre orné d'une fleur de lys, sur la tête couronne royale. La devise porte : CAPITULUM ECCLESIÆ VERSALIENSIS et une fleur de lys, comme point final, dans le bas. Le département de Seine-et-Oise porte aussi dans le champ de ses armoiries trois fleurs de lys.

SAINT-DENYS.

Sanctus-Dionysius.

NOTICE. — Saint-Denys de Paris est présentement le seul chapitre collégial dans l'Église de France. Il fut créé par décret du 20 février 1806. Le Pape Pie IX l'institua canoniquement par bulle du 31 mars 1857 ; un décret im-

périal du 18 décembre 1858 le constitua tel qu'il est encore
de nos jours. A son origine ce chapitre se composa de dix
chanoines âgés de plus de soixante ans. Une ordonnance
du 23 septembre 1816 porta le nombre des membres à
trente-quatre, dont dix chanoines évêques et vingt-quatre
de second ordre. Le grand-aumônier de France était le
chef de ce corps capitulaire. Depuis que la grande aumô-
nerie a été supprimée, le chapitre de Saint-Denys est
rentré sous la direction spirituelle de l'archevêque de Paris, et a à sa tête un Primicier. Un décret du 25 mars 1852
divisa les canonicats en deux ordres : six du premier ordre
avec un traitement de 10.000 francs, huit du second ordre
avec un traitement de 2.500 francs. D'après la dernière
réglementation, il y a, outre le Primicier, dix chanoines-
évêques, et quatorze chanoines-prêtres. Un chanoine du
second ordre, nommé par l'évêque diocésain et agréé par
le chef de l'État, prend le titre de curé de Saint-Denys.
Il existe aussi un nombre illimité de chanoines honoraires,
plus deux prêtres auxiliaires en titre. Les chanoines-
évêques n'ont d'autre distinction que le costume épiscopal. Ils ont des sièges dans le sanctuaire, mais sont dispensés de la résidence. Les stalles des chanoines du
second ordre sont dans le grand chœur, où ils officient.
Par les votes des chambres en 1884, et 1885, ce chapitre
doit disparaître par l'extinction des membres qui siègent
actuellement.

COSTUME CANONIAL. — Sauf de légères modifications
apportées dans la décoration, l'habit choral de Messieurs
de Saint-Denys est resté tel qu'il fut établi à l'origine ; un
décret du 9 mars 1853 le régla définitivement. Il se compose : 1° du *Rochet* simple pour les fêtes doubles et au-
dessous ; il est avec guipure pour les autres solennités su-
périeures. 2° Une *Mantelletta* noire, drap en hiver, soie en
été, ornée sur le devant de deux larges bandes d'hermine

mouchetée de queues noires. 3° *Mozette* avec ornementation pareille à celle de la Mantelletta, et boutons violets ; elle est de soie ou de drap, d'après la saison ; comme la Mantelletta elle est doublée de soie violette. 4° *Barrette* noire, drap ou soie, doublée et gansée de soie violette. 5° *Croix pectorale* en vermeil et émail blanc. Au centre un écusson en émail violet portant, d'un côté, l'image de saint Denys, avec cette légende : SEPULTURA REGUM : VOTA PRO IMPERATORE. Aujourd'hui ce dernier mot est remplacé par PATRIA. Le revers de cet écusson représente un clou de la Passion, accompagné de trois fleurs de lys, et cette inscription : CAPITULUM SANCTI DIONYSII 1806. Le vide des quatre branches de la Croix est garni par quatre fleurs de lys d'or ; avant les premières années de la République c'étaient des abeilles. Cette décoration est attachée à un large ruban violet.

SCEAU CAPITULAIRE. — Ce cachet, dont n'use plus présentement le chapitre, porte une couronne impériale avec cette devise : VOTA PRO IMPERATORE.

XIII

PROVINCE DE REIMS.

Dès le IIIe siècle, Reims était le siège de la métropole de la deuxième Belgique. En dépendaient alors les évéchés de Soissons, Châlons, Vermand, (remplacé au Ve siècle par Noyon), Arras, Tournai, Senlis, Beauvais, Amiens, Térouane et Boulogne. A la fin du Ve siècle, saint Remi y ajouta le siège de Laon formé d'une partie du diocèse métropolitain. A diverses reprises plusieurs de ces sièges passèrent à d'autres provinces. En 1790 Reims fut la métropole de l'arrondissement du Nord-Est, et eut pour suffragants Soissons, Verdun, Metz, Nancy, Cambrai et Sedan, ce dernier jusqu'à sa suppression en 1802. A cette époque Reims même avait été supprimé comme évéché et incorporé au diocèse de Meaux. Depuis la constitution de 1821 cette province comprend : Reims, Amiens, Beauvais, Châlons, Soissons.

REIMS.

Remi, Ducortum.

NOTICE. — Le siège épiscopal de Reims est d'origine apostolique, selon l'opinion la plus généralement admise. Devenu métropolitain vers le IIIe siècle, il subit toutes les transformations, dont nous venons de parler dans la notice relative à cette province ecclésiastique. Lorsque, après quelques années de suppression, cet évéché eut été rétabli, le chapitre fut reconstitué par les soins de Monseigneur de Coucy.

Il a pour patron : NOTRE-DAME.

COSTUME CANONIAL. — En 1851, à la suite du synode de Soissons qui suivit celui de Reims, Son Eminence le cardinal Gousset voulut témoigner à son chapitre toute sa reconnaissance pour le secours que ses chanoines lui avaient donné dans ces circonstances. Il sollicita et obtint du pape Pie IX un indult d'après lequel les chanoines furent gratifiés du costume des chanoines de Latran, sauf quelques légères modifications. Ce costume consiste dans : 1° le *Rochet*, orné de guipure, les jours de dimanches et de fêtes ; en temps ordinaire il est uni ; 2° la *Cappa magna*, en laine, couleur violette, avec timbre en soie rouge pendant l'été, et en hermine pour l'hiver, doublure de soie violette ; 3° la *Croix pectorale* dite de saint Remi. Cette croix a la forme de celle des chevaliers de Jérusalem, est bordée d'argent et formée en pierres précieuses de couleur violette. Au centre un médaillon, dont la première face porte la Sainte-Vierge avec cette inscription : CAPITULUM REMENSE ; sur l'autre face est saint Remi, et cette légende : SANCTUS REMIGIUS. Elle est suspendue à un ruban de soie violette, bordé d'un liséré blanc.

ARMOIRIES ET SCEAU. — Le grand sceau ovale représente une Vierge-mère assise sous un riche ciborium, à pinacle et bas-côtés, tenant l'enfant sur ses genoux et un sceptre dans la main droite ; autour on lit : CAPITULUM ECCL. METROP. REMENSIS SEDE VACANTE. Un sceau plus petit, forme ronde, porte les armoiries qui sont : « *D'azur, à la croix de sinople en filet, cantonnée de quatre fleurs de lys d'or* : » L'écu est sommé de la croix archiépiscopale, dont le pied est lié à deux branches de palmier qui l'entourent.

AMIENS.

Ambianum, Ambiani.

NOTICE. — Suivant les calculs les plus vraisemblables, ce siège fut fondé vers la fin du IIIe siècle. Il était suffragant de Reims depuis l'origine jusqu'à la constitution de 1790. qui l'attacha alors à la province de Rouen. En 1802 il passa dans le ressort de celle de Paris ; mais l'ordonnance de 1822 le rendit à la métropole dont il dépend aujourd'hui. La réorganisation du chapitre cathédral fut faite, après la révolution, par Monseigneur de Villaret.

Les chanoines ont pris pour patron : NOTRE-DAME.

COSTUME CANONIAL. — Le 12 décembre 1854, le pape ayant accordé à la cathédrale d'Amiens le titre de « Basilique mineure » les chanoines furent alors gratifiées du 1° *Rochet* ; il est simple pour la semaine. et garni de dentelles les jours de dimanche et de fêtes ; 2° *Mozette* noire, en drap pour l'hiver, en soie pour l'été, avec doublure, boutons, ganses et lisérés sur les coutures en soie cramoisie. Au bas une bande d'hermine de 5 centimètres de largeur ; sur le devant de la poitrine, dans toute la longueur, plastron de soie violette entouré d'hermine marquée de trois queues noires. 3° *Aumusse* d'hermine, marquée de queues disposées en quinconces, la partie intérieure en Petit-gris ; (cet insigne se porte sur le bras gauche). 4° *Croix pectorale* de forme latine, tréflée, en vermeil émaillé de violet avec un liséré de vermeil portant au centre un médaillon bleu, de forme ronde, chargé un côté d'un Christ d'or en croix ; sur l'autre côté, d'un saint Firmin, martyr, premier évêque d'Amiens et patron du diocèse. Sur un ruban de vermeil, qui relie les quatre bras de la croix, se lisent ces inscriptions : autour du Christ : CAP. ECCL. AMB. A PIO IX. CONCIL IV.

AMB. PRIM. ; autour de saint Firmin : LIT. ROM. INSTAVRAT. TRANS. STÆ. THEVDOSI (1). Cette croix se suspend à un ruban violet moiré, liseré de blanc, et n'est portée que les dimanches et jours de fêtes ; elle fut concédée par Pie IX, bref du 30 mars 1853 ; 5° *Barrette*, en drap noir, doublée de soie cramoisie, couturée même couleur.

ARMES. — Les armes dont use ce chapitre remontent à une époque éloignée. Elles sont : « *D'argent, à la croix de sable* ». L'écusson est entouré de lambrequins formant tenants. Le cachet ovale est bordé d'un chapelet de perles, et tout autour la légende : CAPITULUM ECCLESIÆ AMBIANENSIS.

BEAUVAIS, NOYON ET SENLIS.

Bellovacum ; Novionum ; Silvanecti.

NOTICE. — Les deux évêchés de Noyon et de Senlis, supprimés à l'époque de la révolution, sont rentrés depuis 1822 dans le domaine de celui de Beauvais. Les évêques prennent maintenant ces trois titres. Le siège de Noyon qui datait de 531 avait succédé à celui de Vermand fondé vers la fin du III° siècle ; pendant quelque temps (1146-1160) il fut uni à celui de Tournay. L'Église de Senlis eut un évêque, saint Rieul, vers l'an 300 ; elle a disparu en 1790. Quant à celle de Beauvais, elle se réclame d'origine apostolique ; son premier évêque fut saint Lucien qui vécut vers l'an 290. Placée dès l'origine dans le ressort de la métropole de Reims, en 1790 elle passa dans celui de Rouen.

(1) On doit lire ainsi ces inscriptions : « *Capitulo ecclesiæ Ambianensis a Pio IX concilium Ambianense primum. — Liturgia romana instaurata, translatio sanctæ Theudosiæ.* » Sainte Theudosie est une martyre des catacombes née à Amiens ; son corps fut rapporté dans son pays natal en 1853.

Supprimé en 1802, et incorporé au diocèse d'Amiens, ce siège fut rétabli en 1822 et restitué à sa métropole primitive. Monseigneur de Lesquen, nommé alors à ce siège, reconstitua le chapitre cathédral.

Ce chapitre a pour patron : SAINT PIERRE.

COSTUME CANONIAL. — L'habit choral se compose : 1° du *Rochet*. Jusqu'en 1862 ce vêtement était simple ; alors Monseigneur Gignoux obtint qu'il fût garni de dentelles pour les jours de fêtes (1) ; 2° pour l'été : la *Mozette* noire doublée de soie couleur ponceau, avec boutons et lisérés de même couleur ; elle est en soie les jours de dimanches et de fêtes, et en drap les jours sur semaine. Pour l'hiver : 3° *Cappa* noire, garnie de velours noir, plus : 4° *Camail* ou *Limande* doublé de soie et bordé de même, avec boutons et liséré couleur ponceau. Cette limande, concédée en 1841 par Monseigneur Cortet (voir ordonnance du 30 août) est un grand camail qui, par derrière se prolonge en pointe jusqu'aux talons. Le 25 janvier 1862, Monseigneur Gignoux obtint que ce vêtement fût accompagné du capuce, en vue de préserver du froid. 5° *Croix pectorale* accordée le 12 juin 1862, à la demande du même évêque. Elle est octangulaire, à bras égaux, en émail violet bordé de blanc, enchâssé dans le vermeil. Un médaillon rond, formant le centre, porte d'un côté, sur fond d'or, une Immaculée entourée de cette légende : PIUS IX. PONT. MAX. ANNO 1862 ; de l'autre côté, sur fond de gueules, les armes du chapitre avec l'inscription : CRUX CHRISTI CLAVES PETRI. De petites clés de vermeil passées en sautoir relient entre

(1) Ce rochet fut concédé aux vicaires généraux agréés par le gouvernement, aux chanoines titulaires et aux ecclésiastiques ayant rang de chanoines titulaires, c'est-à-dire au supérieur du grand séminaire, au curé de la cathédrale dont la cure n'est pas unie au chapitre, et aux bénéficiers des canonicats prébendés : ils ont aussi droit au port de la croix pectorale.

elles les quatre bras de la croix. On suspend cet insigne à un ruban de 6 centimètres, de soie moirée, de couleur violette, liseré de blanc.

ARMES ET SCEAU. — Écusson rond posé sur deux clés en sautoir, au-desus desquelles se déroule une banderolle portant la devise inscrite ci-devant : CRUX CHRISTI CLAVES PETRI. Les armes sont : « *De gueules, à la croix d'or cantonnée de quatre clés de même, le panneton en haut ajouré d'une croix et tourné à dextre.* »

CHALONS.

Catalaunum.

NOTICE. — Quelques auteurs font ce siège d'origine apostolique ; il est plus sûr de dire que sa fondation remonte à la seconde moitié du IIIe siècle. Jusqu'à la révolution de 1790 il fut suffragant de Reims, époque à laquelle on l'incorpora à cet archidiocèse. Avec ce dernier, il entra dans le diocèse de Meaux, en 1802. Quand la métropole de Reims fut rétablie (1822), alors aussi on songea à réériger le siège de Châlons. Il le fut en 1825, et on le rendit à sa province primitive. Mgr Monyer de Prilly réorganisa à ce moment le chapitre.

Il a pour patron : SAINT ÉTIENNE.

COSTUME CANONIAL. — Le premier règlement concernant l'habit de chœur date du 20 mars 1825. En 1841, Mgr de Prilly apporta quelques changements ; enfin le 30 mai 1862, un indult pontifical autorisa le port d'une croix pectorale. Ce costume se compose : 1° du *Rochet* simple, sans parements ni guipure, pour les offices de la semaine et aux jours de jeûne et aux services des défunts ; dans les autres circonstances il est brodé. En été : 2° *Mozette* de soie noire, doublée et boutonnée cramoisi, avec ganse ronde sur toutes les coutures ; une ganse plate cramoisie d'un centimètre de largeur est posée dans tout le pourtour un peu au-dessus du cordonnet qui fait bordure ; 3° *Barrette* en drap noir, liserée de soie cramoisie sur toutes les coutures ; 4° *Aumusse* de fourrure. En hiver : 5° *Manteau* de drap noir, garni par devant de deux larges bandes de velours cramoisi, ayant un timbre d'hermine, avec capuchon de soie noire ; ce capuchon se relève au milieu du dos. En toute saison : 6° *Croix pectorale*, en argent doré, de forme octangulaire, émaillée rouge et blanc ; d'un côté l'image de saint Étienne, premier martyr et patron de la cathédrale, avec cet exergue : CAPITULUM CATALAUNENSE ; sur l'autre face l'effigie de saint Memmie, évêque de Châlons, patron du diocèse, avec cette légende : SANCTUS MEMMIUS.

SCEAU CAPITULAIRE. — Ce chapitre use d'un scel forme gothique portant un saint Etienne en pied, vêtu de la dalmatique à manches, tenant dans la droite une palme ; sur la tête un caillou de la lapidation. Autour cette inscription : SIGILLUM. CAPITULI : ECCL. CATALAV. et une croix de Malte, au sommet, comme point final.

SOISSONS ET LAON.

Suessiones, *Laudunum*, *Lugdunum Clavatum*,

NOTICE. — Les sièges de ces deux Églises furent distincts jusqu'en 1790, et eurent par suite deux corps capitulaires. Soissons, la seconde des cités de la Gaule Belgique, possédait dès le III° siècle un siège épiscopal occupé par saint Sixte qui administrait aussi l'Église de Reims, de même que son successeur saint Sirice, vers 290-295. Comme doyen de cette province ecclésiastique, l'évêque de Soissons avait le privilège, le siège métropolitain étant vacant, de remplacer l'archevêque de Reims dans la cérémonie du sacre royal. — L'évêché de Laon, qui a été joint à ce siège, remontait à la fin du V⁰ siècle. Au XII⁰ il fut érigé en duché-pairie ; à titre de duc, l'évêque, second des pairs ecclésiastiques, avait dans la cérémonie du sacre, la fonction de porter la sainte ampoule, et joignait à ce titre celui de comte d'Anisy. La cathédrale, attribuée au chapitre après la consécration qui en fut faite le 25 avril 1479 par Mgr Jean Milet, a été érigée en basilique mineure par bref apostolique du 10 mars 1857.

Les patrons sont : SS. Gervais et Protais.

Costume canonial. — L'habit de chœur porté par les chanoines de Soissons remonte à l'épiscopat de Mgr Cardon de Garsignies, en 1851. Après le rétablissement de 1801, Mgr Le Blanc de Beaulieu, en donnant les Statuts au nouveau chapitre (28 août 1803) avait assigné : le rochet avec la mozette pour l'été, et le camail à capuchon pour l'hiver ; plus tard fut concédé le manteau. — En 1870 Mgr de Garsignies remplaça le bonnet carré qu'on porte en été par la barrette ; et le capuchon fut réduit aux minimes proportions qui l'ont mis à l'état de simple souvenir dans les mozettes actuelles. Présentement, depuis 1851, le costume se compose : 1⁰ du *Rochet* brodé ; en été : 2⁰ *Mozette* soie noire, doublée cramoisi avec piqûres sur les coutures et aux boutonnières, et points de chaînette sur les épaules, de cette même couleur ; 3⁰ l'*Aumusse* de fourrure, en hiver ; 4⁰ *Manteau* de drap noir avec bandes de velours noir sur le devant et liserés de rouge ; 5⁰ *Mozette* ou timbre en fourrure blanche parsemée de langues noires, bordée d'un liséré cramoisi et relevé par derrière ; 6⁰ *Croix* émail bleu foncé, cerclée or, portant sur une face SS. Gervais et Protais, titulaires de la cathédrale, et sur l'autre la Sainte-Vierge (indult du 10 mars 1857) ; ruban rouge et blanc pour suspendre cet insigne.

NOTA. — Les prébendés portent le même costume ainsi que les archiprêtres des arrondissements, qui pourtant ne jouissent pas de la croix. MM. les chanoines honoraires ont, en été, le rochet simple, la mozette, l'aumusse et la barrette comme les titulaires; en hiver, cape noire avec camail à boutons rouges, liserés en velours rouges et revers du capuchon même couleur (1).

SCEAU ET ARMOIRIES. — Le chapitre de l'insigne église cathédrale et basilique de Soissons porte pour armes, entre une branche de palmier et une de laurier fruité, un écu : « Écartelé, au 1 et 4 d'azur, à une fleur de lys d'or, au 2 et 3 de gueules au château d'or crénelé et ajouré; chargé en cœur, brochant sur le tout, d'un écu d'argent parti de gueules à deux palmes de l'un à l'autre. » Dans une banderolle placée au-dessus on lit : CAPITULUM SUESSIONENSE; et au bas la devise : HÆC EST VERA FRATERNITAS. La croix capitulaire pend dans le bas de l'écusson attachée à un ruban de moire.

_____

(1) Voir *État religieux ancien et moderne des pays qui forment aujourd'hui le diocèse de Soissons*, par M. l'abbé Ledouble, chan. hon, secrétaire de l'évêché de Soissons.

XIV

PROVINCE DE RENNES.

La province de Rennes n'a été établie qu'en l'année 1859. Une première fois ce siège fut déclaré métropolitain par la constitution illégale et révolutionnaire de 1790; le pape ne le reconnut pas. Lorsque, avec le consentement de Pie IX, cette province ecclésiastique fut constituée, on lui donna les suffragants qu'elle possède aujourd'hui et qui étaient distraits de la métropole de Tours : Rennes, Quimper, Saint-Brieuc, Vannes.

RENNES, DOL ET SAINT-MALO.

Rhedones ; Dola Britonum ; Burgus S. Maclovii.

Notice. — Quoique les historiens de la Bretagne fassent remonter l'origine de l'église de Rennes au commencement du IV* siècle, il est plus probable qu'elle ne fut constituée que vers l'an 440 par l'arrivée de l'évêque Febediolus. A partir de cette époque le siège fut suffragant de la métropole de Tours, jusqu'à la constitution révolutionnaire de 1790. Alors Rennes fut déclaré archevéché avec le titre de métropole de l'arrondissement du Nord-Ouest, et adjonction du siège de Dol. A l'époque du rétablissement du culte, en 1802, il fut mis au rang des évechés ; et le 3 janvier 1859 il a été érigé en métropole. Après le décret du 26 mai de cette même année, qui porte réception

de la bulle, le chapitre fut déclaré métropolitain sous l'é-
piscopat de Mgr Brossais Saint-Marc. Le siège actuel réunit
les noms des deux anciens évêchés : Dol et Saint-Malo.
Celui de Dol paraît avoir été fondé vers l'an 557, avec S.
Samson pour évêque; quelques auteurs cependant ne le
font remonter qu'à Salacon, vers 847. Le siège de Saint-
Malo ne fut érigé canoniquement qu'en 1157; déjà dans le
VIIe siècle les évêques d'Aleth (*Alecta*) s'étaient réfugiés
dans ce bourg après les invasions normandes. L'un et l'autre de ces sièges furent supprimés en 1790.

Le patron du chapitre est : Saint Pierre.

Costume canonial. — Les chanoines portent : 1° le *Rochet*
simple; 2° le *Camail* en drap noir pour l'hiver, en soie
pour l'été, garni d'hermine blanche, parsemée de queues
noires, faisant le tour du cou et retombant, avec une largeur de trois doigts, de chaque côté des boutonnières et
des boutons; en hiver cette fourrure garnit aussi tout le
tour inférieur de ce vêtement qui, en toute saison, est
doublé de soie rouge cramoisi, avec piqûres en soie de la
même couleur sur les coutures et au milieu du dos ;
3° la *Barrette* noire, liserée de soie pareille aux piqûres du
camail.

Ce costume fut adopté en 1802, sous le pontificat de
Mgr de Maillé, sauf la fourrure ajoutée en 1844, par concession de Mgr Brossais Saint-Marc, lors de la prise de
possession par le chapitre de la nouvelle cathédrale.

Sceau et armes. — « *D'azur, à deux clés d'argent passées
en sautoir.* »

QUIMPER ET LÉON.

*Corisopitum, Cornugallia; Leonia, Burgus S. Pauli
Leonensis.*

Notice. — Les évêques prennent depuis la Révolution les

deux titres de Quimper et Léon; le diocèse devrait s'appeler Cornouaille. L'évêché de Quimper fut érigé vers la fin du IVᵉ siècle et dépendit de la métropole de Tours. Par la constitution de 1790, ce diocèse fut placé dans la circonscription de l'arrondissement du Nord-Ouest, dont Rennes était métropole. On lui adjoignit alors le diocèse de Saint-Pol-de-Léon, qui supprimé à cette époque n'a plus été rétabli. En 1802 on le rendit à la métropole de Tours; depuis 1859 il est demeuré suffragant de Rennes.

Le patron du chapitre cathédral est : SAINT CORENTIN.

COSTUME CANONIAL. — La principale et plus riche partie de l'habit de chœur de Messieurs du chapitre a été concédée en 1860 par Pie IX. Il se compose : 1° du *Rochet* simple sans broderie; 2° en été, de la *Mozette* noire sans aucune décoration; en hiver, 3° de la *Cappa magna*, de mérinos violet doublé cramoisi, avec mantelet de fourrure blanche relevée au milieu du dos par un retroussis de soie violette qui fait doublure; elle se porte déployée et non roulée comme le font les chanoines de Rome; 4° *Croix pectorale*, les quatre branches composées de quatre hermines en émail blanc, entre lesquelles de grands rayons retenus et reliés par des filigranes, le tout en vermeil. Un médaillon central, de forme ronde, porte sur une face l'évêque saint Corentin, crossé, mitré et accompagné à droite du poisson caractéristique ; autour, la légende S. CORENTINUS; l'autre face porte l'effigie de Pie IX, en vermeil cloisonné dans émail bleu.

SCEAU CAPITULAIRE. — Sur fond d'hermine, un écu qui se lit : « *De gueules, à un saint Médard vêtu et coiffé de fourrure, accosté en chef à dextre d'un croissant d'or, posé de face, à senestre d'un soleil flamboyant; l'écu appuyé contre un bourdon qui émerge en haut et en bas.* » Pour légende, placée autour ; A LA BARRE DE SAINT MÉDARD.

SAINT-BRIEUC ET TRÉGUIER.

Briocum; *Trecorium.*

NOTICE. — L'évêché de Saint-Brieuc fut érigé vers l'an 844, et attribué à la métropole de Dol. Il remplaçait alors le monastère de Saint-Étienne fondé vers la fin du V° siècle. En 1209 ce siège rentra sous la juridiction métropolitaine de Tours, et y demeura soumis jusqu'en 1790, époque à laquelle on lui adjoignit le siège de Tréguier. Alors on le plaça dans l'arrondissement dont Rennes était le centre; en 1802 il fut rendu à la métropole de Tours. Depuis 1859 il relève de celle de Rennes. A la réouverture du culte le chapitre fut réorganisé par Mgr Caffarelli.

Il a pour patron : SAINT ÉTIENNE.

COSTUME CANONIAL. — L'habit de chœur des chanoines titulaires et honoraires est le même : 1° *Rochet* de toile unie ou de batiste, sans broderie ni dentelle; 2° *Camail* noir, de drap en hiver, et de soie en été, avec doublure, passepoils et boutons de soie ponceau; au bas, dans tout le pourtour, une bordure d'hermine blanche ayant une largeur de 4 centimètres; 3° *Croix pectorale*, octogone, avec 4 émaux et rayons dorés, ayant sur un médaillon central, à fond d'argent, l'effigie de Pie IX entourée d'une couronne d'épines entrelacées et dorees, et au revers le millésime 1861 rappelant la date de concession. Cet ornement qui est accordé aux seuls chanoines titulaires, est porté sur la poitrine à l'aide d'un ruban rouge en moire cramoisie et d'au moins 11 centimètres. — *Nota* : par autorisation officielle datée du 1er avril 1868, MM. du chapitre portent le rochet brodé à toutes les fêtes de première classe, aux fêtes solennisées de seconde, et à toutes les cérémonies qui ont caractère de première ou de deuxième classe.

Sceau capitulaire. — Comme timbre humide ou à la cire, le chapitre use d'un sceau qui est de forme ovale, avec les détails suivants. Dans la partie supérieure, sur fond semé de pierres, un saint Étienne à genoux, les mains jointes, subissant le supplice de la lapidation. Au dessous et, dans des arcatures à forme gothique, deux évêques à mi-corps, mitrés et chapés, qui sont saint Brieuc et saint Guillaume patrons du diocèse. Autour, en lettres gothiques placées de droite à gauche, et commençant dans le haut, l'inscription : Si + gi + llum + capit + ecc + cath + Briocen + Tregoren. Tous les points de division sont formés par une hermine. Un léger rinceau remplit le vide laissé au-dessous du soubassement qui soutient les arcatures signalées ci-avant.

VANNES.

Venetium, Venetis.

Notice. — Le siège épiscopal de Vannes paraît remonter un peu avant le Ve siècle, quoique saint Paterne, le premier évêque connu, ne fût placé à la tête de cette église qu'en 465. Depuis son origine il dépendit de la province de Tours, en 1790 il passa dans celle de Rennes. La constitution de 1802 le replaça dans sa première métropole ; mais depuis 1859 il est rentré dans le ressort de la province actuelle. Après le rétablissement du culte, Monseigneur Magneaud de Pausemont et son successeur Mgr Bausset de Roquefort réorganisèrent le chapitre cathédral.

Il a pris pour patron : Saint Pierre.

Costume canonial. — L'habit canonial actuellement porté par MM les chanoines fut autorisé par indult du 13 novembre 1862, sous l'épiscopat de Mgr Dubreuil. Il consiste : 1° en un *Rochet* brodé ; 2° un *Camail* noir, en moire, doublé de rouge, bordé d'hermine et chargé sur la poitrine d'une double bande de soie rouge, qui est elle-même encadrée d'une bande d'hermine ; 3° une *Croix pectorale* à huit pointes émaillée ayant au centre un médaillon portant d'un côté le profil de Pie IX, et de l'autre les armes de la ville de Vannes qui sont : « *De gueules, à l'hermine d'argent,* » avec cette devise : POTIUS MORI QUAM FŒDARI. Un ruban de soie violette sert à porter cet insigne. Ce costume, de récente concession, n'est porté que le dimanche et les jours de fêtes. En temps ordinaire MM. du chapitre usent de l'habit de chœur antérieur à 1862, qui est le seul porté par les chanoines honoraires. Il se compose : 1° du *Rochet* uni ; 2° du *Camail* noir doublé et boutonné de rouge, en drap pour l'hiver, en soie pour l'été. — Avant la Révolution, le costume canonial comprenait en été un *Surplis* et une *Aumusse*, en hiver un *Rochet* et une *Cape* noire.

ARMES ET SCEAU. — Primitivement et pendant de longs siècles le chapitre de Vannes porta pour armes, ainsi qu'il conste entre autres d'un acte de l'an 1287, un saint Pierre patron de la cathédrale, tenant deux clés à la main droite. Actuellement ce sceau a été réduit et porte : « *D'azur, à un dextrochère d'argent mouvant, de senestre et tenant une clé à double panneton.* » Tout autour on lit la légende : SIGILLUM CAPITULI INSIGNIS ECCLESIÆ CATHEDRALIS VENETENSIS.

XV

PROVINCE DE ROUEN.

Depuis la fondation de son siège, Rouen fut métropolitain. Il avait alors dans son ressort les évêchés de Bayeux, Avranches, Évreux, Séez, Lisieux et Coutances. Toutefois, au milieu de bien des contestations, la primatiale de Lyon voulut cette métropole sous sa juridiction; la querelle ne fut vidée favorablement à Rouen que le 12 mai 1702. Au XVII° siècle sa juridiction spirituelle fut étendue à toutes les possessions françaises dans l'Amérique du Nord, droit qui fut supprimé par le fondateur de l'évêché de Québec. En 1790 Rouen devint métropole de l'arrondissement des Côtes de la Manche, avec les sièges suffragants de Bayeux, Coutances, Séez, Beauvais, Évreux, Amiens et Saint-Omer. En 1802, ramenée à ses limites, cette province embrasse depuis lors : Rouen, Bayeux, Coutances, Évreux, Séez.

ROUEN.

Rothomagus, Rotomagum.

NOTICE. — L'importante église de Rouen fut fondée par saint Nicaise, vers l'an 280. Dans la Notice que nous avons consacrée ci-dessus à cette province, nous avons suffisamment expliqué les divers changements qui s'opérèrent dans son sein. La réorganisation du chapitre

fut faite à l'époque du rétablissement du culte, sous l'épiscopat du cardinal de Cambacérés.

Le patron est : Notre-Dame (Assomption).

Costume canonial. — Jusqu'au mois d'août 1884, MM. du
chapitre avaient conservé l'ancien costume choral qui se
composait : du Rochet simple, de la Mozette toute noire,
de l'Aumusse d'hermine blanche doublée de petit-gris;
pour l'hiver d'un Camail de drap noir avec capuchon entouré d'un bourrelet d'hermine, enfin d'un Manteau long
de drap noir et garni d'une large bande de velours noir sur
chaque bord ; ce dernier vêtement avait été concédé en
1839 par le cardinal prince de Croï.

S. Em. le cardinal de Bonnechose avait projeté de modifier et embellir cet habit choral; Mgr Thomas l'a réalisé
par ordonnance du 30 juillet 1884, et le nouveau costume
fut inauguré le jour de l'Assomption, fête patronale de la
cathédrale et du diocèse. Il se compose : 1° du *Rochet* brodé,
avec revers des manches en soie noire; privilège accordé
aussi aux chanoines honoraires ainsi qu'aux vicaires généraux et au supérieur du grand séminaire; 2° L'*Aumusse*,
réservée aux chanoines titulaires et honoraires; 3° la *Mozette* d'été en soie noire, couturée, boutonnée, liserée et
doublée de soie couleur groseille; 4° la *Barrette* noire doublée et gansée de rouge même nuance; 5° *Camail* d'hiver,
en drap noir garni d'hermine encadrant deux bandes de
velours rouge cramoisi qui descendent sur la poitrine à la
jonction des boutons ; ces boutons avec les lisérés et boutonnières en soie rouge cramoisi; 6° le *Manteau* en drap
noir, garni sur les bords de deux bandes de velours même
couleur, larges de 15 centimètres, avec doublure en soie
de nuance assortie; 7° *Croix pectorale*, suspendue à un
ruban de soie rouge large de 8 centimètres. Cet insigne
réservé aux titulaires, au supérieur du grand séminaire et
aux grands vicaires, est en argent doré et de forme grecque

légèrement tréflée. Les branches sont réunies entre elles par des feuillages et rinceaux. Sur la face principale, les quatre bras sont émaillés rouge pâle semé de fleurs or; et au centre, dans un quatre-lobes émail bleu, une Vierge-Mère, comme dans le sceau capitulaire. Sur le revers, dans les bras, une marguerite sur fond bleu alternant avec une croix sur fond rouge; au centre, médaillon portant un Sacré-Cœur avec cette devise : *Nil fortius, nil dulcius.* — Cet envers a été composé des diverses parties des armes de Mgr Thomas qui sont : « *Écartelé, au 1er et 4e de gueules à la croix tréflée d'or; au 2e et 3e d'azur à la marguerite d'argent; en abîme, brochant sur le tout, l'écu d'or portant le Cœur et la couronne d'épines.* » Plus la devise ci-dessus.

SCEAU CAPITULAIRE. — Il se compose d'une Vierge-Mère tenant l'Enfant Jésus sur le bras gauche, et debout sur l'écusson de France qui est : « *D'azur, à trois fleurs de lys d'or ;* » l'écu repose sur deux branches de palmier croisées en sautoir. La devise circulaire est : CAP. ECCLES. METROPOLIT. ROTOMAG.

BAYEUX ET LISIEUX

Bajocæ; Lexovium.

NOTICE. — Généralement on fait remonter l'érection du siège épiscopal de Bayeux à la fin du IIe siècle; il serait plus sûr de la mettre à la fin du IVe, avec saint Exupère pour fondateur. De tout temps ce diocèse ressortit à la province ecclésiastique de Rouen. — Celui de Lisieux, qui fut supprimé par la réorganisation de 1790, ne paraît avoir été fondé que vers l'an 538 avec l'évêque Theudebaud. Les deux diocèses réunis furent réorganisés en 1802 par Mgr Brault.

Le chapitre a pour patron : NOTRE-DAME.

COSTUME CANONIAL. — Messieurs du chapitre de Bayeux ont un double costume choral. En été, avec 1° le *Rochet*, court et uni sans broderies ; 2° une *Mozette* en moire antique, doublée de soie rouge ponceau ; cette doublure se replie dans le bas, tout autour, de manière à former un liséré qui est retenu par un piqué de soie rouge ; les coutures et boutons sont aussi de cette couleur ; 3° l'*Aumusse* en petit-gris, doublée d'hermine ; elle se porte du côté gris en relevant un tiers de la partie blanche. Pour l'hiver, avec le rochet susdit : 4° *Manteau* de drap noir, sans ouverture pour les bras, garni en dedans sur le devant d'une large bordure de velours cramoisi ; ce vêtement est retroussé sur les bras ; 5° *Pèlerine* avec capuchon assez grand pour couvrir la tête ; le capuchon est doublé d'hermine, le reste en soie blanche ; 6° *Mozette* en drap tombant par derrière en pointe jusque sur les talons, doublée et bordée comme la mozette d'été ; 7° La *Barrette* ordinaire dont on se sert pendant l'été, est remplacée en hiver par le capuchon de fourrure.

ARMES ET SCEAU. — Pour ses affaires le chapitre actuel use d'un sceau portant une Vierge-mère assise sous un dai à clochetons et panneaux ; tout autour est cette légende : SIG. CAP. ECCLESIÆ B. M. BAJOCENSIS. L'ancien chapitre portait pour armes ; « *Une aigle éployée à deux têtes, sur fond de gueules, et deux branches de palmier pour support.* »

COUTANCES ET AVRANCHES

Constantia ; *Abrincates.*

NOTICE. — Le siège épiscopal de Coutances fut fondé vers la fin du V° siècle ; le premier évêque connu porte le nom de Ereptiole, il vivait vers l'an 470. Dès sa fondation ce siège fut du ressort de la métropole de Rouen, où il se trouva replacé par l'organisation de 1802. La révolution ayant supprimé l'ancien diocèse d'Avranches (*Abrincates*), il a été adjoint à celui de Coutances. La restauration du chapitre cathédral fut faite en 1802, sous l'épiscopat de Mgr Rousseau.

Patron : SAINT PIERRE.

COSTUME CANONIAL. — Il y a un costume choral pour les deux saisons liturgiques. Avec 1° le *Rochet* uni qui se porte en tout temps, Messieurs les chanoines ont, en été : 2° une *Mozette* de soie noire avec doublure, boutons, boutonnières et passe-poils des coutures en soie rouge ; 3° *Barrette* de drap noir, garnie en dedans de soie cramoisie et couturée de même ; 4° *Aumusse* de fourrure. En hiver : 5° *Manteau* long, de drap noir, doublé par devant de velours cramoisi ; 6° *Mozette* aussi de drap noir, avec les mêmes ornements que celle d'été.

SCEAU CAPITULAIRE. — Sur une crosse, un écusson : *D'argent, chargé d'un lion, au chef d'azur, chargé de deux lys d'or.* En légende tout autour : SIG. CAP. ECCL. B. M. CONSTANTIENSIS.

EVREUX

Ebroicæ, Ebroicum.

NOTICE. — Compris dans la deuxième Lyonnaise, durant la domination romaine, Evreux fut évangélisé par l'apôtre du Rouennais, saint Nicaise, qui subit le martyre vers l'an 300. Il n'y eut pas d'évêque spécial pour cette Eglise avant saint Taurin, qui vivait en 380. Malgré tous les bouleversements, ce diocèse subsista toujours, avec son chapitre cathédral, jusqu'à l'intrusion de l'évêque constitutionnel Robert Thomas Sindet. Il fut réorganisé en 1802 durant l'épiscopat de Mgr Jean-Baptiste Baulier.

Son patron est : NOTRE-DAME.

COSTUME CANONIAL. — Sur 1° le *Rochet* simple, sans guipures, les chanoines revêtent, en hiver : 2° un *Manteau* de drap noir, garni sur le devant d'une large bande de velours soie cramoisi, et bordé tout autour de la même manière ; 3° par-dessus le manteau une *Mozette* en drap noir doublée de soie rouge, bordée d'une ganse avec point de chaînette de même couleur, boutons et boutonnières aussi cramoisis ; 4° l'*Aumusse* de petit gris, doublée d'hermine ; 5° *Barrette* drap noir, doublée et gansée en soie rouge. Pendant l'été le manteau est supprimé, et 6° la *Mozette* est en cachemire de soie noire, doublée de taffetas cramoisi, avec les mêmes ornementations que celle d'hiver.

SCEAU CAPITULAIRE. — Une Vierge-Mère, nimbée et couronnée, les pieds reposant sur un croissant ; sur le bras gauche l'Enfant Jésus, posé de côté, la tête rayonnante. L'inscription est divisée sur les deux côtés de l'ovale que forme le sceau, par une fleur de lys. Ce dernier insigne rappelle sans doute une partie des armes de la cité qui sont : *A la bande échiquetée d'or et de gueules, brochant sur un fond d'azur, chargé des trois fleurs de lys de France.* L'inscription sigillaire est : CAPITULUM EBROICENSE.

SÉEZ

Sagium.

NOTICE. — On donne généralement à ce siège épiscopal une fondation apostolique, qu'on reporte vers la fin du Ier siècle. Toutefois on ne peut fixer de date d'épiscopat que pour l'évêque Hubert qui vivait vers l'an 500 ; il y eut cependant quatre évêques avant lui, dont le premier était saint Lain. Ce diocèse fut toujours compris dans la province ecclésiastique de Rouen ; et, après la révolution de 1790, le concordat de 1802 le mit dans le ressort de cette métropole. Le chapitre fut alors réorganisé par Mgr de Chevigné de Boischolet.

Il a pour patron : NOTRE DAME.

COSTUME CANONIAL. — Après la restauration du culte, et en conséquence du concordat, Mgr de Boischolet régla aussi l'habit de chœur de Messieurs les chanoines. En hi... : 1° la *Cappa* de l'ancien chapitre, en drap noir ; 2° le *Camail* noir, à longue pointe, avec double bande de velours cramoisi, accessoires et passe-poils en soie de cette même couleur. Après 1844 Mgr Rousselet réforma ce dernier vêtement, en supprimant la pointe et remplaçant les bandes de velours par une bordure d'hermine. En été, l'habit se compose : 3° de la *Mozette* doublée de soie et liserée de soie rouge. En toute saison : 4° *Barrette* soie noire avec doublure et ganses pareilles à la nuance de la mozette d'été ; 5° Toujours, le *Rochet* simple, sans guipure. Enfin par bref du 7 mars 1871 le pape Pie IX a accordé : 6° une *Croix pectorale* vermeil, genre de la croix de Toulouse, pommelée avec émail rouge au centre, et les branches réunies par un fleuron à rinceaux. Sur le médaillon de la face principale, la Vierge Immaculée sur nuages et têtes d'anges, avec la légende : CAPITULUM SAGIENSE ; au revers l'effigie de Pie IX, et cette devise : PIUS P. P. IX MDCCCLXXI. Elle se suspend à un gros cordonnet soie ponceau dont l'extrémité postérieure se termine par un gland genre épiscopal.

SCEAU ET ARMES. - ... nuis l'an 1880 le chapitre a substitué, à son ancien sc... a, des armes qui reproduisent les trois anciens sceaux du chapitre régulier, sécularisé et ré-

tabli après le Concordat. De forme gothique, il est :
*Parti, au 1° d'azur chargé d'une Sainte-Vierge sur des
nuages; au 2° de queules avec les deux martyrs Gervais et
Protais tenant une palme à la main, au chef d'azur semé
d'étoiles d'or, une palme et une épée brochant sur le tout
en sautoir; au chef d'argent chargé de la croix capitulaire
liée à son cordon.* Tout autour en caractères gothiques, de
gauche à droite : SIGIL. CAPIT. ECCLES. CATHED. ET BASIL. MI-
NORIS SAGIENSIS.

XVI

PROVINCE DE SENS.

———

Dès sa fondation dans le IIIᵉ siècle, Sens fut chef-lieu de province ecclésiastique comprenant alors les sièges d'Auxerre, Chartres, Troyes, Orléans, Paris et Meaux. Au Vᵉ siècle on lui adjoignit comme suffragant le siège de Nevers. L'érection de Paris en métropole (1622) amena un démembrement considérable. Sens n'eut plus alors dans son ressort que les trois évêchés de Nevers, Auxerre et Troyes, les autres ayant été attachés à la nouvelle métropole. En 1790 cette province ecclésiastique fut supprimée, et Sens, devenu simple évêché, passa dans la métropole de Paris. Supprimé en 1802 il fut incorporé au diocèse de Troyes. La constitution de 1821 rétablit cette ancienne métropole ainsi composée : Sens, Moulins, Nevers, Troyes.

SENS

Senones, Agendicum.

Notice. — On vient de lire dans la notice consacrée à cette province ecclésiastique, les diverses transformations qu'a eu à subir cet archidiocèse depuis sa fondation. Lorsqu'il fut rétabli en 1821, on lui adjoignit les anciennes dépendances du diocèse d'Auxerre (*Autissiodorum*) qui n'est plus qu'un de ses arrondissements. L'évêché d'Auxerre supprimé par la grande révolution avait des évêques bien avant le IVᵉ siècle. Au rétablissement du culte, après l'administration de l'évêque constitutionnel, Loménie de Brienne, le chapitre fut réorganisé par le cardinal de la Fare.

Le patron est : SAINT ÉTIENNE.

COSTUME CANONIAL. — Messieurs les chanoines du chapitre primatial-métropolitain ont un double costume de chœur. En hiver cet habit se compose : 1° du *Rochet* à guipure, qui se porte aussi pareillement dans la saison d'été ; 2° d'un *Manteau* noir à queue, orné par devant d'un orfroi en velours rouge, et bordé d'un ruban de soie aussi rouge ; 3° du *Camail* noir doublé et boutonné de rouge. Pour l'été : 4° *Mozette* de soie noire décorée comme le camail d'hiver. En toute saison : 5° *Croix pectorale*, en vermeil, ayant dans un médaillon central, sur une face l'image de saint Savinien premier apôtre de Sens, apôtre de la quatrième lyonnaise ; sur l'autre côté, les armes du chapitre et la légende, telles qu'on va en lire la description.

ARMES ET SCEAU. — Sur un cartouche, sommé d'une couronne ducale, d'où émerge la croix archiépiscopale, et accompagné du chapeau épiscopal à cinq rangs de houppes, un écu, qui est : *D'azur, à la croix d'argent, cantonnée de huit crosses d'or par deux.* Ces huit crosses représentent les huit diocèses de la province ecclésiastique évangélisée par saint Savinien, à savoir : Chartres, Auxerre, Meaux, Paris, Orléans, Nevers, Troyes et Sens. La devise inscrite sur une banderolle qui se déroule au-dessus du chapeau épiscopal porte CAMPONT, qui sont les initiales des sept sièges du ressort de la métropole, sièges épiscopaux, dont nous venons d'écrire les noms à propos des crosses. Au bas du cartouche, et liées à la hampe de la croix, deux branches de laurier fruité.

MOULINS

Molinæ.

NOTICE. — Église épiscopale de création récente : elle ne remonte qu'à l'année 1822. Déjà la constitution de 1790 l'avait créée et placée dans le ressort de la métropole de Bourges, en lui donnant diverses parties des diocèses d'Autun, de Nevers et de Clermont. Le concordat de 1802 la supprima, en unissant le département de l'Allier tout entier au diocèse de Clermont. La constitution du chapitre cathédral fut faite par Monseigneur de Pons.

Il a pour patron : NOTRE-DAME.

COSTUME CANONIAL. — Le costume choral de Messieurs du chapitre de Moulins est conforme pour les jours simples et les solennités. Il se compose : 1° du *Rochet* à guipure et fort long ; 2° de la *Cappa magna* violette, qui fut accordée par bref du 10 juin 1853. Elle se compose de deux parties qui constituent comme un double vêtement l'un pour l'été, l'autre pour l'hiver. En hiver c'est le grand manteau de drap violet, avec chaperon d'hermine blanche, sans manches, pareil à celui des évêques, avec bordure intérieure de moire rouge ; ouverture sur le devant depuis le col, la partie antérieure se relevant sur les bras, et par derrière une traîne. Une agrafe sert à la retenir à la ceinture. En été elle est en mérinos violet et portée entièrement relevée, comme doivent au reste le faire les chanoines. Le chaperon d'hermine est remplacé par un timbre de même forme en soie rouge. Messieurs les chanoines portent encore le collet romain de couleur violette.

SCEAU CAPITULAIRE. — De forme gothique, il est : *D'azur, semé de fleurs de lys d'or, à une cotice de gueules, le tout*

chargé d'une Annonciation. A senestre la Vierge à genoux, séparée par une tige de lys de l'archange aussi à
genoux qui tient une banderolle portant les mots AVE MA-
RIA. Ces personnages reposent sur un piédestal gothique
ajouré, et au-dessus de leurs têtes un pinacle de même style
à arcatures pendantes. On lit autour cette devise : S. CAPI-
TULI. BEATÆ. MARIÆ. DE. MOLINIS.

NEVERS

Nivernum.

NOTICE. — Cet évêché remonte à la fin du IVᵉ siècle, et
était suffragant de Sens depuis l'origine, lorsque la réformation de 1790 le fit passer dans la province de Bourges.
En 1802 il fut supprimé et fit partie du diocèse d'Autun.
Le rétablissement de 1822 réérigea ce siège et le rendit à sa
métropole primitive. Alors le chapitre fut réorganisé par
Monseigneur Millaux.

Il a pour patrons : SAINT CYR ET SAINTE JULITTE.

COSTUME CANONIAL. — Messieurs du chapitre sont dotés
d'un double costume, l'un pour l'été, l'autre pour l'hiver.
En été, 1° *Cappa* rouge (in festis solemnioribus) ; 2° l'*Aumusse* portée sur le bras ; 3° le *Rochet* simple sans dentelles (en toute saison); 4° la *Mozette* en soie noire doublée de rouge. Pour l'hiver, par-dessus la Cappa : 5° un
Manteau de laine noire bordé d'une double bande de soie
rouge sur toute la partie antérieure; 6° un *Camail* de drap
noir avec doublure rouge. Par-dessus ces divers vêtements,
7° une *Croix pectorale* en argent, qui fut concédée par
Pie IX, le 8 juin 1855, en mémoire de la proclamation du
dogme de l'Immaculée Conception. — Ce costume accordé
par indult du 24 septembre 1863 est également attribué
aux chanoines honoraires.

Sceau et armoiries. — Les armes de ce chapitre sont : *Au sanglier défendu d'argent, chargé d'un S. Cyr au naturel et au nimbe d'or, au chef d'azur semé de France.* Dans le sceau, qui est de forme légèrement ovale, le chef a disparu et le personnage est accompagné de trois fleurs de lys, une en pointe, deux en canton. L'écusson est entouré d'une branche de laurier et d'une branche de palmier liées en tête et en pied. — Une tradition veut que ces armes furent prises au temps de Charlemagne, et voici en quelle circonstance : le roi avait eu un songe ; il lui semblait pendant son sommeil être à la chasse, quand, tout à coup se trouvant seul au milieu d'une forêt, il aperçut un sanglier furieux s'élançant sur lui. Tombant à genoux il implore la protection de Dieu ; et voilà qu'un petit enfant nu se présente et lui offre de le délivrer s'il veut lui donner un voile pour le couvrir. Charlemagne fit cette promesse ; aussitôt l'enfant sauta sur le sanglier et le tenant par ses défenses, il le conduisit à l'empereur qui le tua. Or l'empereur exposa sa vision à une assemblée d'évêques qui était alors réunie à Paris. L'un d'eux, saint Jérôme, évêque de Nevers, lui fit entendre que l'enfant qui lui était apparu n'était autre que le petit martyr saint Cyr, honoré dans sa cathédrale, et que le voile qu'il lui demandait était la réparation de la chapelle qui lui était dédiée et la restitution des biens de son église enlevés au temps des guerres. Charlemagne ayant accédé à la requête du saint évêque, le chapitre de Nevers voulut perpétuer le souvenir de ces libéralités en reproduisant la scène du songe dans ses armes.

TROYES

Trecæ, Tricasses.

Notice. — La fondation du siège épiscopal de Troyes remonte à la première moitié du IVᵉ siècle. Il dépendit de la province de Sens jusqu'à la révolution de 1790, époque à laquelle il fut placé dans la métropole de Paris. Par la nouvelle constitution de 1821 ce diocèse est rentré dans le ressort de sa première province ecclésiastique. La réorganisation du chapitre fut faite au rétablissement du culte par Monseigneur de la Tour-du-Pin-Montauban.

Le patron est : SAINT PIERRE.

COSTUME CANONIAL. — Avant la révolution, le costume des chanoines de Troyes se composait simplement du Surplis et de l'Aumusse. A la restauration on prit le Rochet uni et le petit Camail noir sans ornementation aucune. Après 1809, sous l'épiscopat de Monseigneur de Boulogne, ce camail reçut des lisérés rouges. Vint ensuite Monseigneur Cœur en 1849, et le costume fut modifié tel qu'il est aujourd'hui. 1° *Rochet* simple, avec faculté d'avoir des parements brodés aux manches ; 2° *Mozette* de drap noir ou de moire (ad libitum), doublée et couturée de rouge, avec plastron de soie rouge sur la poitrine et bandes d'hermine accompagnant ce plastron. (Voir la description du Camail de Lyon, qui a servi de modèle.) 3° *Barrette* à quatre ailes, noire, lisérée de ganse rouge et houppe de même couleur ; 4° *Manteau* (en hiver) de drap noir, bordé d'un liséré de soie rouge et orné dans toute la longueur, sur le devant, de deux bandes ou simarres de velours cramoisi. Sous l'épiscopat de Monseigneur Ravinet fut enfin ajoutée : 5° *Croix pectorale* en vermeil et émail bleu, forme grecque, à quatre bras égaux, renflés, arrondis et terminés en boule, ayant dans les intervalles un pistil ; le médaillon central, en émail rouge, porte, sur une face, les effigies de saint Pierre et de saint Paul avec cette exergue : CAPITULUM ECCLESIÆ TRECENSIS ; sur l'autre face saint Loup et l'inscription : SVS. LVPVS. On suspend cette décoration à un ruban de moire violette. — Cet insigne n'est pas concédé aux chanoines honoraires.

SCEAU CAPITULAIRE. — De forme ronde, portant sur un cartouche à volutes un écu chargé d'une crosse accostée de deux clés, le panneton en haut et tourné en dehors, et ayant chacune au-dessus une étoile; au sommet une couronne de comte. Pour légende: CAPITULUM ECCLESIÆ TRECENSIS.

XVII

PROVINCE DE TOULOUSE.

En 1317 le pape Jean XXII érigea le siège épiscopal de Toulouse en métropole, et lui assigna comme suffragants les évêchés de Pamiers, Montauban, Mirepoix, Lavaur, Rieux, Lombès et Saint-Papoul, presque tous distraits de l'immense diocèse de Toulouse. Par la réformation de 1790 il fut créé métropole de l'arrondissement du sud, avec les sièges d'Auch, Oloron, Tarbes, Pamiers, Perpignan, Narbonne, Rodez, Cahors et Albi. La nouvelle constitution de 1802 composa cette province des sièges de Cahors, Montpellier, Carcassonne, Agen et Bayonne. Enfin en 1821 on forma cette province telle qu'elle est aujourd'hui, à savoir : Toulouse, Carcassonne, Montauban, Pamiers.

TOULOUSE ET NARBONNE

Tolosa; Narbo Martius.

Notice. — Le siège épiscopal de Toulouse remonte aux premiers temps du christianisme dans les Gaules. Primitivement attaché à la métropole narbonnaise, il passa au V° siècle dans le ressort de la métropole de Bourges ; mais après la conquête du royaume des Wisigoths (508) ce siège fut rendu à sa première province ecclésiastique. On a vu dans la Notice sur cette province quand et comment Toulouse devint siège métropolitain. Celui de Narbonne ayant été supprimé en 1802, les archevêques de Toulouse ont pris depuis 1822 les titres des deux archidiocèses. Le chapitre fut reconstitué par Monseigneur Primat. Après cette reconstitution, Monseigneur d'Astros donna les statuts capitulaires qui sont encore observés comme au principe. Il y a ceci de particulier que Messieurs les vicaires généraux font partie du chapitre, occupent les premières places et président les réunions capitulaires à défaut de l'archevêque.

Le patron du chapitre est : Saint Étienne, premier martyr.

Costume canonial. — Il est aujourd'hui tel qu'il fut donné à la réorganisation. C'est : 1° le *Rochet* sans dentelle ni manchettes ; 2° la *Mozette* noire (drap en hiver et soie en été), doublée et couturée de soie rouge en passe-poils, avec boutons et boutonnières de même couleur. Avant la Révolution, ce chapitre métropolitain était doté de l'Aumusse d'hermine blanche ; les prébendés la portaient de petit-gris. Alors le prévôt avait certains privilèges épiscopaux, tels que : usage de la crosse, des gants, du bougeoir et du grémial. Actuellement les chanoines ont droit au bougeoir, mais ils n'en usent pas. Dans diverses circonstances ont été prises des délibérations tendant à demander la Cappa magna et une fourrure pour l'hiver ; ces projets sont encore sans effet.

Sceau et armoiries. — Sur un gracieux lambrequin dans lequel s'enlacent des feuillages et deux palmes, un écu ovale qui est : *Parti de pourpre et de gueules ; le premier chargé d'une croix tréflée d'argent, cantonnée de trois boules en pyramide aussi d'argent ; le second, à demi-croix de Toulouse, vidée, pommetée et cléchée d'or.* Pas de devise ; mais sur les feuilles destinées à la rédaction des actes ou expédition des affaires capitulaires, cet écu se trouve accosté, à droite et à gauche, de ces en-têtes : Diocèse de Toulouse — Chapitre métropolitain.

CARCASSONNE

Carcassum, Carcasso, Carcassona.

Notice. — Ce siège épiscopal fut érigé dans le milieu du IVᵉ siècle. Suffragant de Narbonne jusqu'en 1790, il fut incorporé dans ce diocèse métropolitain. La constitution de 1802 le rétablit et l'unit à la métropole de Toulouse. Le chapitre cathédral fut reconstitué par Mgr De la Porte.

Il a pour patrons : Saints Nazaire et Celse.

Costume canonial. — Avant l'année 1875 MM. les chanoines usaient seulement du Rochet simple et de la Mozette noire avec lisérés rouges sur les coutures, tout comme le chapitre métropolitain de Toulouse. A la date susdite, Mgr Leuillieux fit apporter les modifications suivantes : 1° *Rochet*, au sujet duquel rien n'a été précisé, faculté étant laissée à chacun de le prendre simple ou à guipure ; 2° En été, de Pâques à la Toussaint, *Mozette* de soie noire avec liséré, boutons et doublure en soie rouge, bordée dans le fond d'une bande d'hermine blanche d'environ 0,30 centimètres de largeur ; 3° En hiver, de la Toussaint à Pâques, *Cappa* noire avec hermine blanche, rubans violets et bordure de 0,15 centimètres en soie violette ; 4° *Croix pectorale*, or émaillé, à huit pointes, portant d'un côté, sur le médaillon central, la Vierge Immaculée avec l'inscription : Pius IX. P. M. MDCCCLXII. Sur l'autre face effigies de saint Nazaire et de saint Celse, patrons du diocèse, avec cette devise : Hæc est quæ vincit mundum fides nostra. Sur le costume d'été, cette décoration est portée à l'aide d'un ruban de soie, aux couleurs pontificales, et d'une largeur de 0,40 centimètres, se terminant en pointe sur les épaules, sur la poitrine et sur le dos. Sur le costume d'hiver elle est portée avec un cordon de soie aux couleurs pontificales.

Cet insigne fut obtenu du souverain Pontife par Mgr. de la Bouillerie.

Nota. — Messieurs les chanoines honoraires ne peuvent user que de la Mozette, ils n'ont droit ni à la Cappa ni à la Croix. — Les vicaires généraux et le curé de la cathédrale ont droit à la Croix pectorale, mais non à la Cappa.

Sceau capitulaire. — Dans un sceau ovale qui est fond d'azur, saint Celse et saint Nazaire en pied sur une terrasse, tenant un livre et une palme. Au tour une cordelière à laquelle suspend la croix pectorale rayonnante ; le tout entouré par la légende : Sigillum capituli Carcassonensis.

MONTAUBAN

Mons Albanus, Montalbanum.

Notice. — Évêché et chapitre datent du 25 juin 1317. Ils furent fondés par le pape cadurcien Jean XXII, à l'époque du démembrement des diocèses de Toulouse et de Cahors. Jusqu'aux guerres de religion les chanoines réguliers vécurent à l'ombre du monastère bénédictin de Saint-Théodard (jadis Saint-Martin) situé dans la petite ville de Montauriol. Mais les protestants ayant détruit cathédrale et abbaye, le chapitre, après s'être réfugié tour à tour à Villemur, Toulouse, Montech et Beaumont, retourna à Montauban où Mgr de Bertier l'établit dans l'église paroissiale Saint-Jacques qui demeura cathédrale jusqu'en 1739. A cette date Mgr Michel de Verthamon introduisit les chanoines dans la cathédrale Notre-Dame qu'ils occupent aujourd'hui, et qui avait été entreprise et commencée sous les épiscopats de Ngrs de Colbert et de Nesmond. Le chapitre sécularisé en 1525, à la demande de Mgr Jean IV des Prés de Montpezat, s'accrut des chanoines de la collégiale de

Saint-Etienne-de-Tescou par l'union faite sous l'administration de Mgr de Berlier, le 10 novembre 1666. Avec la suppression du siège épiscopal en 1790, les chanoines disparurent. Rétabli en 1808 (1), l'évêché ne fut effectivement occupé qu'en 1823, et le chapitre réorganisé par l'immortel Mgr de Cheverus.

Le chapitre a pour patrons : NOTRE-DAME et SAINT MARTIN.

COSTUME CANONIAL. — Tel qu'ils le portent aujourd'hui, l'habit choral des chanoines fut accordé par Mgr Doney, après délibération du chapitre datée du 25 juillet 1845. Il se compose : 1° du *Rochet* qui est uni pour la semaine et pendant les jours de deuil et de pénitence ; il est garni de dentelles les dimanches et aux jours de fête ; sous la guipure des manches transparent violet au Rochet des solennités ; 2° *Mozette*, sans capuchon, de couleur violette (drap en hiver, soie en été), avec doublure de soie rouge qui se relève en retroussis par derrière et est attachée sur l'épaule gauche où elle se termine en forme de rosette ; passe-poils en soie rouge sur les coutures, dans tout le pourtour, au milieu du dos et aux boutonnières, avec boutons de la même couleur. — Ce vêtement ainsi mi-partie violet et rouge peut-être considéré comme un diminutif de la Cappa des chanoines de Besançon dont faisait partie Mgr Doney ; peut-être rappelle-t-il encore la réunion des deux chapitres de saint Martin et de saint Étienne qui furent jadis fondés à Montauban par le pape Jean XXII ; 3° *Barrette* noire à trois cornes, doublée de soie rouge : 4° *Croix pectorale* de

_____

(1) C'était le 17 février, quinze jours après l'invasion de Rome par les troupes françaises. Au milieu des conjonctures les plus graves, Pie VII lançait les lettres apostoliques *Supremo pastorali* qui érigeaient le diocèse. Elles sont empreintes de la plus grande douleur. « Malis undique circumdati et assiduis animi angoribus cruciati, non descrimus ministerium nostrum, et quamquam non desint rationes quæ aliter sæpe suaderint, eas ultro despicimus, atque fidelium bono unico intenti..... »

forme latine en vermeil, portant sur la face principale, dans un médaillon fond rouge, une Immaculée avec ces mots : Virgo sine labe concepta ; et sur le revers l'effigie de Pie IX et cette inscription : Pius IX P. M. anno 1862. Cet insigne, concédé le 6 juin de ladite année, se suspend, en solennités, à un large ruban de soie aux couleurs pontificales (rouge et jaune) ; les jours ordinaires le ruban est remplacé par un fort cordonnet or et rouge.

Sceau et armoiries. — De forme ovale, le sceau ordinaire est : *Parti, au 1er de gueules, au mont d'or de dix copeaux surmonté d'un loriot de sable sans œil ; au 2e d'argent, à un Saint Étienne nimbé vêtu des ornements de diacre, ayant une pierre dans la dextre et une palme à la senestre, placé debout sur un arbre (saule) de sinople, étêté, arraché, à six branches.* L'exergue circulaire porte : Sigillum capituli ecclesiæ cathedralis Montalbanensis. Ce même scel est reproduit sur un module plus grand pour les mandements et placards (*sede vacante*), et repose sur deux bourdons posés en sautoir et terminés en pomme de pin (1). A titre d'armoiries, ces armes sont divisées en deux écus ovales accolés, ayant mêmes pièces, couleurs et émaux.

PAMIERS

Appamiæ.

Notice. — A la fin du XIIIe siècle l'abbaye de Saint-Antonin de Frédélas fut érigée en évêché par le pape Boniface VIII. Ce diocèse fut distrait de celui de Toulouse et

---

(1) Le droit de sceau fut conféré et exprimé par les lettres apostoliques du 17 février 1808, qui rétablissaient le diocèse de Montauban. On y lit : *Et in ipsa cathedrali ecclesia unam seu plures dignitates et... cum suis pariter choro, mensa capitulari, arca, bursa et sigillo communibus.*

donné pour suffragant à Narbonne (16 septembre 1295). Lors de l'érection de Toulouse en métropole (1317), on lui rendit comme suffragant ce dernier siège. Supprimé par le concordat de 1802 et incorporé alors au diocèse de Toulouse, le siège de Pamiers fut rétabli en 1822 et maintenu dans cette dernière métropole. Le chapitre cathédral fut réorganisé par les soins de Mgr de la Tour-Landorthe.

Il a pour patron : Saint Antonin martyr, apôtre du Rouergue.

Costume canonial. — L'habit de chœur est resté dans ce chapitre tel qu'il fut donné au rétablissement fait en 1822. Il se compose : 1° d'un *Rochet* simple, sans broderies d'aucune sorte; 2° d'un *Camail* noir, doublé de soie cramoisie passepoilé et piqué de soie même couleur. En hiver ce vêtement est en drap, et un peu long ; pendant l'été il est plus court et en soie; 3° *Barrette* noire avec ganse rouge sur les coutures.

Sceau capitulaire. — Jusqu'à la révolution de 1790 le chapitre usait des armes de la ville, comme co-partageant le pouvoir des évêques qui étaient seigneurs de Pamiers. Depuis cette époque, on a adopté un scel complètement religieux, qui rappelle la légende du voyage miraculeux du corps de saint Antonin. Il se lit ainsi : *D'azur, à un vaisseau maté d'argent, voguant à dextre sur des eaux agitées de sinople, et portant un Saint Antonin couché, vêtu d'un rochet d'argent, le bras gauche levé, le vaisseau conduit en proue par un aigle, le ciel rayonnant ; terrain au naturel portant à dextre une tour maçonnée, ajourée et crénelée.* Pour légende circulaire : Fluctibus. immergor. ni. tuus. adsit. amor. Cette devise qui a été empruntée à l'église de Saint-Antonin, présentement du diocèse de Montauban, est rarement usitée par le chapitre de Pamiers ; plus communément il accompagne ce sceau de cette inscription : Sigillum capituli appamiensis.

XVIII

PROVINCE DE TOURS.

————

Fondée au III° siècle, l'Église métropolitaine de Tours groupa, au fur et à mesure de leur fondation, les églises du Mans, de Rennes, d'Angers, de Nantes, de Cornouailles et de Vannes, de Saint-Pol de Léon, d'Aleth et de Saint-Malo. Vers le milieu du IX° siècle ces trois derniers évêchés joints à ceux de Tréguier, de Saint-Brieuc et de Quimper furent placés dans la métropole de Dol violemment constituée par le duc Breton Noménoé. En 1209 le pape Innocent III restitua à la métropole de Tours les évêchés qui lui avaient été arrachés et ceux qui formaient la métropole de Dol ; cette constitution dura ainsi jusqu'en 1790. Alors cette métropole disparut et fut placée dans l'arrondissement du centre avec Bourges pour province ecclésiastique. Rétablie en 1802, la métropole de Tours reçut alors pour suffragants les évêchés du Mans, d'Angers, de Rennes, de Nantes, de Vannes, de Quimper et de Saint-Brieuc. Maintenant elle a Laval en plus, et Vannes, Rennes, Quimper et Saint-Brieuc en moins, dont on a formé la province de Rennes. Par suite elle est ainsi constituée : Tours, Angers, Laval, Le Mans, Nantes.

TOURS

Turones, Augusta Turonum.

Notice. — Suivant la tradition historique conservée par Grégoire de Tours, saint Gatien fut le premier apôtre de

cette cité et posa les fondements du siège épiscopal vers
l'an 250. Dans la notice consacrée à la province dont
Tours est le chef-lieu, on vient de lire les diverses transformations de cette Église. Le chapitre a été réorganisé à
la réouverture du culte par le cardinal Boisgelin de Cicé.

Il a pour patron : Saint Gatien.

Costume canonial. — Le costume actuel a été donné au
chapitre par le cardinal Morlot, qui modifia ainsi le costume primitif composé seulement d'une Mozette en soie
noire et du Rochet simple. Il comprend : 1° le *Rochet* uni,
plissé, avec parements des manches brodés. 2° En hiver :
Mozette en drap noir, doublée de soie ponceau, liserée
et boutonnée de rouge, ornée de deux bandes d'hermine
mouchetée de trois queues noires qui descendent sur le
devant et encadrent un plastron de soie rouge. 3° *Manteau*
même drap, sans manches, ouvrant seulement des deux
côtés pour le passage des bras, et bordé tout le long de
deux larges bandes de velours rouge. 4° En été : *Mozette*,
soie noire, sans hermine, avec plastron de soie rouge.
5° *Barrette* à houppe de soie. 6° *Croix pectorale*, concédée
à la demande du cardinal par le pape Pie IX, le 31 janvier 1854. Cette décoration, forme croix de Malte avec
fleurons dans les vides des bras, est en argent doré sur
sa face principale, et simplement argent au revers. Émail
violet et blanc cloisonné dans le métal. Au centre médaillon fond or portant, au recto, l'effigie de saint Gatien
chapé, crossé et mitré avec cette légende circulaire :
Pio IX Pont. Max. an. mdcccliv ; sur le verso saint Maurice,
la palme du martyre à la main, et autour l'inscription :
Capit. S. Metrop. eccles. turon. Cette décoration est portée
à l'aide d'un large ruban rouge ponceau, bordé blanc,
taillé en pointe et s'arrêtant environ à la hauteur du rabat.
Un décret impérial du 28 octobre 1854 autorisa les chanoines à porter cet insigne sur l'habit de ville à Tours et

dans tout le diocèse ; dans ce cas le ruban est une fois moins large que celui qui va avec l'habit choral. — Les chanoines honoraires ont le même costume, mais ne peuvent pas prendre la croix.

SCEAU CAPITULAIRE. — De forme ronde. Dans un cartouche à volutes un écu *de gueules, chargé d'une croix d'argent,* qui est forme pique de lance. L'écu broche sur une croix latine hampée et tréflée. Pas de devise.

ANGERS

Andegavum, Andegavi.

NOTICE. — Malgré certaines traditions qui donnent une origine apostolique à ce siège épiscopal, il est plus probable qu'il ne fut fondé que dans le cours du IV° siècle. Depuis lors suffragant de la métropole de Tours, il passa, en 1790, dans celle de Rennes. En 1802 il fut rendu à sa province primitive. Le chapitre doit sa réorganisation à Monseigneur Montault-des-Isles.

Il a pour patron : SAINT MAURICE.

COSTUME CANONIAL. — La réforme de l'habit choral de Messieurs les chanoines d'Angers fut opérée sous l'épiscopat de Monseigneur Angebault vers l'an 1845. Jusque-là, depuis le rétablissement du culte, il se composait du rochet simple et du camail noir avec boutons et lisérés de soie rouge. Présentement il y a le costume d'été et celui d'hiver. — En été : 1° *Rochet* à guipure (concession papale de 1875); 2° *Camail* de soie noire boutonné et liseré de soie rouge; 3° *Barrette* noire avec filets en soie rouge sur toutes les coutures ; 4° *Croix pectorale,* forme latine, en vermeil émaillé, portant sur une face l'image de saint Maurice, et sur l'autre celle de Pie IX, qui la concéda par bref de l'an 1862. Cette décoration est supendue sur la poitrine à l'aide d'un ruban de soie rouge à bords jaunes, couleurs pontificales. — En hiver, mêmes Rochet, Barrette et Croix, avec : 5° le *Manteau* long en drap noir, sans manches, et garni sur le devant d'une bande de velours rouge grenat ; 6° le *Camail* est de cette même étoffe, bordé d'hermine dans la partie inférieure, avec boutons rouges et filets en passepoils de cette même couleur, dans les coutures et au milieu du dos.

ARMES ET SCEAU. — Le scel capitulaire est de forme légèrement ovale, avec cette inscription : ANDEGAVENSE CAPITULUM. Au centre, entre deux branches de palmier, réunies à leur base, un écu : *D'argent, au rais d'escarboucle d'or.* Sur l'écusson une tête d'ange ailée.

LAVAL

Vallis Guidonis, Valleguido.

NOTICE. — Quand la réforme extra-canonique des diocèses de France en 1790 dédoubla le diocèse du Mans pour mettre un siège épiscopal dans le département de la Mayenne, on fonda l'Église de Laval, et elle fut du ressort de la province de Rennes. En 1802, ce nouveau siège ayant été supprimé, on l'incorpora au diocèse du Mans. Une bulle du 30 juin 1855 a réérigé cette Église avec son chapitre cathédral qui fut installé l'année suivante.

Le patron est : LA SAINTE-TRINITÉ.

COSTUME CANONIAL. — Le premier évêque de ce diocèse Mgr Wicart assigna un double costume à ses chanoines, un pour les solennités, un autre pour la semaine. I. Le costume simple se compose : 1° du *Rochet* uni ; 2° de la *Mozette* en soire noire, doublée de soie rouge groseille, avec passe-poils et piqûres sur les coutures de la même couleur. — II. Le costume solennel comporte : 1° le *Rochet* à guipure (concédé en 1877) ; 2° la *Mozette* ci-avant, bordée d'hermine large de 5 centimètres, avec deux bandes d'hermine chargée de trois mouchetures noires passant sur la poitrine et allant se perdre sous le petit capuchon ; entre ces deux hermines plastron de 10 centimètres en moire rouge groseille, sur lequel sont placés boutons et boutonnières de soie rouge ; 3° une *Croix pectorale*, dont les quatre branches d'égale longueur sont formées de quatre hermines de Bretagne en émail blanc ; les espaces intermédiaires sont remplis par quatre faisceaux de rayons et des enroulements en filigrane or. Au centre un médaillon fond or, portant d'un côté une Immaculée émaillée, robe blanche. manteau bleu semé d'étoiles blanches, avec croissant et étoiles en or; autour, en lettres d'or, sur fond bleu : MARIA IMMACULATA CAPITUL. VALLEGUID. Au revers, sur fond émail blanc, buste de Pie IX en or, avec cette devise, sur émail bleu : PIUS P. P. IX ANNO DOM. MDCCCLIX. — Un ruban bleu moiré, formant collier, et passant sous le capuchon, suspend cette croix.

SCEAU CAPITULAIRE. — A genoux sur des nuages une Vierge (sans doute l'Annonciation) les mains jointes, couronnée et accompagnée d'étoiles ; le tout brochant sur un ciel de rayons qui partent du triangle trinitaire. En exergue circulaire : SIGILLUM CAPITULI VALLEGUIDONENSIS. Un grand sceau à impression diffère de celui que nous venons de dire. De forme gothique il porte pour inscription circulaire : SIGILLUM CAPITULI ECCLESIÆ S. TRINITATIS VALLEGUIDONENSIS. Les armes qu'il renferme se lisent : *D'azur, à une Immaculée d'argent posée sur croissant et entourée d'une auréole flamboyante du même; au chef de gueules, chargé de trois anneaux d'or enchevêtrés l'un dans l'autre et disposés en forme de triangle fleuri aux points extrêmes, et aux jonctions, dans les vides des anneaux, les mots* PATER,

FILIUS, SPIRITUS ; *au point central* DEUS *accompagné de trois S en triangle.*

LE MANS

Cenomanum.

NOTICE. — La cité du Mans, qui avait le premier rang après la métropole dans la troisième Lyonnaise, n'eut d'évêque que vers le milieu du IV⁰ siècle ; ce fut saint Julien. Avec le clergé qu'il groupa autour de sa chaire épiscopale ils furent suffragants de Tours jusqu'à la constitution de 1790. Alors ce diocèse fut dédoublé pour former celui de Laval. Celui-ci ayant été supprimé en 1802, la circonscription en fut donnée au diocèse du Mans, état de choses qui dura jusqu'en 1855, époque de la réérection du siège de Laval. Par suite, le corps capitulaire fut tantôt réuni tantôt divisé entre ces deux églises.

Le patron est : SAINT JULIEN.

COSTUME CANONIAL. — De temps immémorial les chanoines de ce chapitre portaient : 1° l'*Aumusse* d'hermine doublée de petit-gris. Abandonnée à l'époque de la réorganisation des diocèses, en 1802, l'usage en fut rétabli en 1825 sous l'épiscopat de Mgr de la Myre-Mory ; 2° en été : *Mozette* de soie noire doublée en soie rouge avec boutons et lisérés de cette même matière et couleur. En hiver : 3° *Mozette* de drap noir bordée de fourrures blanches, avec boutons et passepoils de cette même couleur. Ce vêtement avait été concédé vers 1760 par Mgr de Grimaldi, mais sans l'agrément du Saint Siège. En 1802 Mgr Joseph de Pidoll en confirma le port après avoir obtenu l'approbation romaine ; 4° *Rochet* simple.

SCEAU CAPITULAIRE. — *D'azur, à trois clés d'argent posées en pal 2 et 1, avec pannetons tournés à l'extérieur, accom-*

pagnées de cinq fleurs de lys. La devise posée tout autour est : CAPITULUM INSIGNIS ECCLESIÆ CENOMANENSIS. — Les armes du département de la Sarthe portent aussi dans un chef d'azur trois fleurs de lys (chef de France), et sur une croix d'or, une clé d'azur en pal.

NANTES

Nannetes, Namnetes.

NOTICE. — L'origine du siège épiscopal de Nantes remonte à la seconde moitié du IIIᵉ siècle, vers l'an 260 ou 280 ; on y trouve alors un saint Clair pour évêque. Ce diocèse ressortit à la métropole de Tours jusqu'à la constitution de 1790, qui l'attacha à celle de Rennes. L'ordonnance de 1802 l'a rendu à sa première métropole. Alors le chapitre reçut des modifications ; plus tard de nouveaux statuts l'établirent tel qu'il est présentement.

Il a pour patron : SAINT PIERRE.

COTUME CANONIAL. — Avant la Révolution et jusque vers l'an 1849, Messieurs les chanoines de Nantes, avec le petit Camail ordinaire, pour l'été, avaient en hiver un grand Manteau de deux pièces : une grande sans manche, et par dessus un camail en pointe surmonté d'un capuchon semblable à celui qui était en usage au séminaire de Saint-Sulpice. Il y a une trentaine d'années, sous l'épiscopat de Mgr Jacquemet, fut adopté, avec 1° le *Rochet* simple, portant broderie aux parements des manches ; 2° pour l'été : le *Camail* en soie noire, doublé de soie rouge, cordonné sur le bord dans cette même nuance, avec point de chaînette sur toutes les coutures et au petit capuce. Sur la poitrine, le long des boutons, deux bandes cramoisies, entourées de deux bandes d'hermine mouchetée ; 3° en hiver : *Camail* de drap, avec même ornementation ; le plastron cramoisi est en velours ; 4° sous ce camail, grand *Manteau* sans manches, en drap, portant de chaque côté dans toute sa longueur deux bandes de velours cramoisi.

Sceau capitulaire. — De forme ovale, il porte sur un cartouche un écu : *D'azur, à une clé d'argent et à une épée du même posées en sautoir, le tout surmonté d'une tête d'ange ailée.* Au pied du cartouche, et liées entre elles, deux branches de palmier. Pour devise : Signum capituli ecclesiæ Nannetensis, et dans le bas trois étoiles.

FIN

TABLE DES MATIÈRES

———

2° Nomenclature des Chapitres cathédraux par ordre alphabétique.

ERRATUM :

Page 104, lignes 7 et 8 : *Cochet*, pour *Rochet*.

Amiens. — Imp. Rousseau-Leroy et Cⁱᵉ, rue Saint-Fuscien, 18.

ROUSSEAU-LÉROY, IMPRIMEUR-ÉDITEUR

18, Rue Saint-Fuscien, Amiens

Revue des Sciences ecclésiastiques

Honorée d'un Bref du Souverain Pontife

Revue mensuelle paraissant le 10 de chaque mois
par livraisons in-8 de 100 pages
depuis l'année 1860

PRIX DE L'ABONNEMENT :

France, Alsace-Lorraine...............	12 fr. »»	par an.
Pays de l'Europe.....................	13 50	—

L'UNION SCIENTIFIQUE

REVUE MENSUELLE ILLUSTRÉE

DES SCIENCES ET DE LEURS APPLICATIONS

PRIX DE L'ABONNEMENT ANNUEL :

France...............................	5 francs.
Étranger.............................	6 —

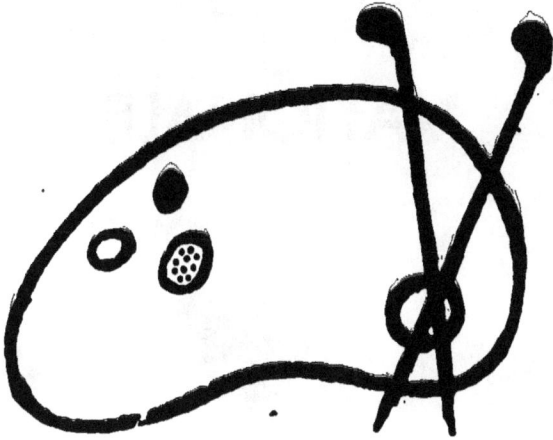

Original en couleur

NF Z 43-120-B

BIBLIOTHÈQUE NATIONALE

CHÂTEAU
de
SABLÉ

1989

www.ingramcontent.com/pod-product-compliance
Lightning Source LLC
Chambersburg PA
CBHW070611100426

42744CB00006B/452